Vegan Kochbuch

Das große Buch mit über 111 leckeren Rezepten für die Vegane Ernährung

Gesund vegan kochen & backen

GENUSSVOLL KOCHEN

Inhaltsverzeichnis

Vorwort... 1
1. Vegane Frühstück Rezepte – Mit Kraft in den Tag . 2
   1.1 Veganer Quark mit Mangopüree 3
   1.2 Porridge mit Hafermilch 3
   1.3 Sojajoghurt mit Apfel und Walnuss 4
   1.4 Veganes Müsli 4
   1.5 Avocado-Brotaufstrich 5
   1.6 Vegane Pfannkuchen 5
   1.7 Chiabrot 6
   1.8 Haferflocken-Mandel-Brot 7
   1.9 Veganes Rührei 7
   1.10 Omelette mit Kichererbsenmehl 8
   1.11 Veganes Zwiebelschmalz 9
   1.12 Chiapudding mit Beeren 9
   1.13 Hirsebrei mit Aprikosen 10
   1.14 Vegane Spiegeleier 10
2. Abwechslungsreiche Hauptgerichte für Mittag- und Abendessen 11
   2.1 Marokkanisches Ofengemüse mit Bulgur 12
   2.2 Quinoa-Chili-Topf 13
   2.3 Jackfrucht Tacos 14
   2.4 Spaghetti mit Linsenbolognese 15
   2.5 Broccoli-Reis-Pfanne 16
   2.6 Chili sin Carne 17
   2.7 Spargel mit Räuchertofu 18
   2.8 Bratkartoffelsalat mit Buchweizenpops 19
   2.9 Sojamedaillons mit Bohnensalat 20
   2.10 Buchweizen-Risotto 21
3. Vegane Pizza Rezepte 23
   3.1 Vegane Pizza mit Paprika 23
   3.2 Spinatpizza 24
   3.3 Pizza Chicago 25
   3.4 Pulled-Pork-Pizza 26
   3.5 Pizza Naanstyle 27

3.6 Schnelle Pizza 28
3.7 Wirsing-Pizza 29
3.8 Knoblauch-Champignon-Pizza 30
3.9 Türkische Pizza 31
3.10 Kichererbsen-Pizza 32
3.11 Rote-Bete-Pizza 33

4. Vegan Bowls 34
4.1 Matcha Smoothie Bowl 34
4.2 Hirse-Bowl mit Früchten 35
4.3 Quinoa-Bowl mit Nüssen 35
4.4 Burrito-Bowl 36
4.5 Curry-Linsen-Bowl 37
4.6 Marokkanische Bowl 38
4.7 Kichererbsen-Frühstücks-Bowl 40
4.8 Nacho Bowl 41
4.9 Chili-Bowl mit schwarzen Bohnen 42
4.10 Vegane Sushi-Bowl 43

5. Vegan to go – Schnelle Rezepte für Berufstätige und Sportler 43
5.1 Avocado-Kichererbsen-Salat 44
5.2 Couscous to go 45
5.3 Melonen-Gurken-Salat...45
5.4 Salat aus roten Linsen 46
5.5 Kohl thailändisch 47
5.6 One Pot Pasta 47
5.7 Kichererbsen-Curry 48
5.8 Glasnudelsalat 49
5.9 Seidentofu mit Frühlingszwiebeln.............................49
5.10 Kurkuma-Kokosreis 50
5.11 Süßkartoffelspalten mit Mango-Guacamole...........51

6. Leckere Snacks und Beilagen 52
6.1 Gefüllte Champignons..52
6.2 Sommerrollen 53
6.3 Kichererbsen-Pfannkuchen...54
6.4 Bruschetta 54
6.5 Tofunuggets mit zwei Panaden 55
6.6 Couscous-Kroketten 56
6.7 Rosmarinkartoffeln 56

6.8 Artischocken mit Wasabi-Mayonnaise 57
6.9 Glasierte Pastinakenstäbchen 58
6.10 Gemüsesticks mit Zaziki 58
6.11 Kartoffelplätzchen 59
6.12 Mochi aus der Pfanne 59
6.13 Falafel 60

7. Erfrischende Smoothies und Getränke 61
7.1 Beerenshake 61
7.2 Heidelbeer-Lassi 62
7.3 Gurken-Smoothie 62
7.4 Tropical Smoothie 63
7.5 Himbeer-Smoothie 63
7.6 Mandelmilch 64
7.7 Wassermelonen-Slush 64
7.8 Kürbis-Latte 65
7.9 Zwetschen-Smoothie 65
7.10 Rote-Bete-Smoothie 66
7.11 Rosa Smoothie 66
7.12 Chai-Smoothie 67
7.13 Energy-Smoothie 67
7.14 Kurkuma-Milchshake 68
7.15 Grünkohl-Smoothie 68
7.16 Holunder-Smoothie 69
7.17 Zuckermelonen-Smoothie 69
7.18 Anti-Aging-Smoothie 70
7.19 Himbeer-Protein-Shake 70
7.20 Matcha-Negri-Shake 71

8. Vegan backen 72
8.1 Apfelbrot 72
8.2 Blätterteigschnecken mit Pesto 73
8.3 Focaccia mit Kirschtomaten 74
8.4 Spinat-Blätterteigtaschen 75
8.5 Nussecken 76
8.6 Plätzchen mit Schokolade 77
8.7 Zitronencracker 77
8.8 Schokomuffins 78

9. Geschmackvolle Suppen 79
9.1 Karotten-Erdnuss-Suppe.. 79
9.2 Türkische Linsensuppe...80
9.3 Süßkartoffelsuppe 81
9.4 Kürbiscremesuppe 82
9.5 Spargelcremesuppe 82
9.6 Pilzsuppe 83
9.7 Bärlauchsuppe...83
9.8 Grünkernsuppe 84

10. Verführerische Nachspeisen und Desserts 85
10.1 Karibiksterne 85
10.2 Chiapudding mit Mangocreme...................................86
10.3 Schokopudding 87
10.4 Kirsch-Tiramisu 87
10.5 Matcha-Kokos-Mousse 88
10.6 Schokobananen 89
10.7 Mousse au Chocolat 89

11. 14 Tage Challenge.. 89
Schlusswort 91

Vorwort

Immer Menschen entscheiden sich für eine vegane Ernährung. Sie verzichten nicht nur auf Fleisch und Fisch, sondern auch auf andere tierische Produkte wie Eier, Milch oder Honig. Die Gründe für eine vegane Ernährung können vielfältig sein. Während einige Veganer an den Schutz der Tiere und der Umwelt denken, stehen bei anderen Menschen gesundheitliche Aspekte wie eine cholesterinarme Ernährung im Vordergrund.

Inzwischen haben sich schon einige vegane Restaurants etabliert, die mit einer breit gefächerten Speisekarte überzeugen können. Möchtest du vegan leben, können dir die folgenden Rezepte helfen. Sie sind einfach nachzukochen.

Bei der veganen Ernährung musst du nicht in eine neue Kücheneinrichtung investieren. Du musst dich auch nicht großartig umstellen. Anstelle von Milch kannst du Kokos- oder Mandelmilch verwenden. Fleisch kann durch Sojaprodukte ersetzt werden. Die vegane Ernährung kann eine Bereicherung sein, da du viele neuartige Produkte wie Kuskus oder Bulgur verwenden kannst. Auch auf Pasta und Pizza musst du nicht verzichten. Salate, Suppen, aber auch leckere Hauptgerichte sowie Desserts kann dir die vegane Ernährung bieten. Es ist sinnvoll, dass du die vegane Ernährung erst einmal ausprobierst.

Die 14-Tage-Challenge kann dir dabei helfen. Du wirst sehen, dass die Rezepte viel Abwechslung in deinen Speiseplan bringen kann. Ein weiterer Vorteil: Du fühlst dich fitter, aktiver und leistungsstärker, da deine Ernährung künftig weniger Cholesterin und andere ungesunde Inhaltsstoffe enthält.

Eine ausgewogene vegane Ernährung versorgt dich mit allen wichtigen Nährstoffen, zu denen Proteine, Kohlenhydrate und Fette gehören. Auch mit Mineralstoffen wirst du ausreichend versorgt. Die vegane Ernährung enthält die meisten lebensnotwendigen Vitamine. Lediglich Vitamin B12 ist nur in sehr geringen Mengen in den Lebensmitteln auf Pflanzenbasis enthalten.

Dieses Manko kannst du mit Nahrungsergänzungsmitteln ausgleichen. Eine gute Quelle für Vitamin B12 sind Algen, beispielsweise Spirulina. Da bei einer veganen Ernährung viel Obst und Gemüse auf deinem Speiseplan stehen, wird es dir an Vitamin C nicht mangeln.

Die sonnenreifen Früchte liefern dir auch lebensnotwendiges Vitamin D. Vegan kochen kann richtig Spaß machen. Die Rezepte sind so ausgelegt, dass sie schnell zubereitet sind. Auch dann, wenn du beruflich stark eingebunden bist, kannst du die Speisen innerhalb kurzer Zeit bereiten.

1. Vegane Frühstück Rezepte – Mit Kraft in den Tag

Starte mit einem guten Frühstück in den Tag. Die veganen Frühstücksrezepte, zu denen Müsli, verschiedene Brotsorten, aber auch Brotaufstriche gehören. Sowohl süße als auch herzhafte Rezepte sind für das vegane Frühstück möglich.

Vegan Kochbuch

1.1 Veganer Quark mit Mangopüree

Für 1 Portion

Zubereitungszeit:

ca. 10 Minuten

Schwierigkeitsgrad: leicht

Zutaten:

250 Gramm veganen Quark, beispielsweise von Alpro

2 Esslöffel gepuffter Amaranth

3 Esslöffel ungesüßtes Mangopüree

1 reife Mango

Zubereitung:

1. Die Mango vom Kern lösen und würfeln.

2. Quark mit den übrigen Zutaten vermischen oder nach Belieben das Püree und die Mango einfach über den Quark geben.

1.2 Porridge mit Hafermilch

Für 1 Portion

Zubereitungszeit:

ca. 20 Minuten

Schwierigkeitsgrad: leicht

Zutaten:

Für das Grundrezept:

60 Gramm Haferflocken

100 Milliliter Hafermilch

150 Milliliter Wasser

Zubereitung:

1. Übergieße die Haferflocken mit dem kochenden Wasser und lasse sie quellen.

2. Anschließend die Hafermilch dazugeben und etwa 10 Minuten köcheln lassen. Porridge kannst du

noch mit geriebenen Äpfeln, Rosinen, Bananen, Zimt oder Datteln bereichern.

1.3 Sojajoghurt mit Apfel und Walnuss

Für 1 Portion

Zubereitungszeit:

ca. 15 Minuten

Schwierigkeitsgrad: leicht

Zutaten:

4 Esslöffel ungesüßter Sojajoghurt

1 Apfel

1 Handvoll Walnüsse

Etwas Stevia

Etwas Leinöl

Zubereitung:

1. Äpfel schälen, vom Kerngehäuse befreien und in Stücke schneiden. Apfelstücke unter häufigem Rühren köcheln, bis sie zerfallen.

2. Joghurt mit Stevia mischen, in ein Glas füllen und die warmen Apfelstücke darübergeben. Walnüsse in kleine Stücke hacken und über die Äpfel streuen.

1.4 Veganes Müsli

Für 1 Portion

Zubereitungszeit:

ca. 15 Minuten

Schwierigkeitsgrad: leicht

Zutaten:

8 Esslöffel gemischte Flocken

8 Esslöffel gehackte Nüsse, beispielsweise Walnüsse, Haselnüsse, Paranüsse oder Mandeln

Vegan Kochbuch

3 Esslöffel Buchweizen
6 Esslöffel Leinsamen
3 Esslöffel Sonnenblumenkerne
3 Esslöffel Chiasamen
2 Esslöffel Kokosöl
3 Esslöffel Ahornsirup
eventuell etwas Zimt oder Vanille

Zubereitung:
1. Alle Zutaten mit dem Öl vermischen und auf einem mit Backpapier belegten Backblech ca. 10 Minuten bei 180 Grad Ober- und Unterhitze goldbraun backen.

Zutaten:
1 reife Avocado
1 Teelöffel Olivenöl
1 Teelöffel Chiliflocken
Saft einer Limette
Salz und Pfeffer

Zubereitung:
1. Fruchtfleisch der Avocado auslösen und mit der Gabel zerdrücken.
2. Mit den übrigen Zutaten vermischen.
Der Brotaufstrich passt besonders gut zu Vollkorntoast oder zu Vollkornbrot.

1.5 Avocado-Brotaufstrich

Für 2 Portionen
Zubereitungszeit:
10 Minuten
Schwierigkeitsgrad: leicht

1.6 Vegane Pfannkuchen

Für 3 Portionen
Zubereitungszeit:
ca. 20 Minuten
Schwierigkeitsgrad: leicht

Vegan Kochbuch

Zutaten:

200 Gramm Sojamehl

1 Esslöffel Leinmehl

60 Gramm Vollkorn-Dinkelmehl

1 Päckchen Backpulver

Zum Süßen: Stevia oder Kokosblütenzucker

1 Prise Salz

100 Milliliter Hafermilch

Etwas Sonnenblumenöl oder vegane Butter

Zubereitung:

1. Das Mehl mit Backpulver, Salz und Stevia vermischen. Hafermilch dazugeben und gut durchrühren, sodass eine sämige, leicht flüssige Masse entsteht. Die Masse etwa 5 Minuten stehenlassen, um zu prüfen, ob sie gut fließt.

2. Öl oder Butter in der Pfanne erhitzen und die Masse hineingeben. Ist die Mitte der Pfannkuchen fest, den Pfannkuchen umdrehen und von der anderen Seite ausbacken.

Die Pfannkuchen kannst du mit Ahornsirup, Marmelade, Nüssen oder Obst essen.

1.7 Chiabrot

Für 10 Portionen

Zubereitungszeit: ca. 1 Stunde (ohne Ruhezeit)

Schwierigkeitsgrad: leicht

Zutaten:

250 Gramm Roggenmehl

250 Gramm Dinkelvollkornmehl

50 Gramm Chia-Samen

2 Teelöffel Agavendicksaft

1 Päckchen Trockenhefe

1 Teelöffel Salz

400 Milliliter Hafer- oder Mandelmilch

Vegan Kochbuch

Zubereitung:

1. Alle Zutaten 5 Minuten lang zu einem klebrigen Teig verkneten. Teig ca. eine Stunde lang an einem warmen Ort ruhen lassen.

2. Teig noch einmal durchkneten und in eine mit Öl ausgepinselte Kastenform füllen. 3. Brot bei 200 Grad Ober- und Unterhitze 45 Minuten backen.

1.8 Haferflocken-Mandel-Brot

Für ca. 6 Portionen

Zubereitungszeit:

ca. 1 Stunde

Schwierigkeitsgrad: leicht

Zutaten:

2 Tassen Haferflocken

100 Gramm gemahlene Mandeln

½ Tasse Leinsamen

½ Tasse Haferkleie

½ Tasse Wasser

Zubereitung:

1. Leinsamen in heißem Wasser einweichen und ca. 10 Minuten quellen lassen. Die übrigen Zutaten mit dem Leinsamen verkneten.

2. Teig in eine mit Backpapier ausgelegte Form geben. Brot bei 180 Grad Umluft ca. 50 Minuten backen.

Für eine schöne Kruste solltest du eine mit Wasser gefüllte Schüssel in den Backofen stellen.

1.9 Veganes Rührei

Für 1 Portion

Zubereitungszeit:

ca. 15 Minuten

Schwierigkeitsgrad: leicht

Zutaten:

100 Gramm Naturtofu

½ Zwiebel

1 Esslöffel stilles Mineralwasser
½ Teelöffel Kurkuma
Salz und Pfeffer
Etwas Schnittlauch
Etwas Sonnenblumenöl

Zubereitung:
1. Zwiebel fein hacken, Tofu zerdrücken.
Sonnenblumenöl erhitzen und Tofu mit Zwiebel und Kurkuma 3 Minuten anbraten. Der Tofu sollte golden werden.
2. Gib Mineralwasser und Gewürze dazu und verrühre alles gut.
Mit Schnittlauch kannst du das Rührei servieren.

1.10 Omelette mit Kichererbsen-Mehl

Für 1 Portion

Vegan Kochbuch

Zubereitungszeit:
ca. 30 Minuten
Schwierigkeitsgrad: leicht

Zutaten:
2 Teelöffel Nährhefe
1 Teelöffel Chiasamen
½ Tasse Kichererbsenmehl
1 Messerspitze Kurkuma
½ Teelöffel Backpulver
½ Teelöffel Basilikum
1 Prise Salz
Etwas schwarzes Salz
Pfeffer
¾ Tasse Wasser
Sonnenblumenöl

Zubereitung:
Das Omelett kannst du mit Tomatenstücken, Oliven oder Pilzen füllen.
1. Leinsamen in heißem Wasser quellen lassen und mit den übrigen Zutaten mischen. Weitere 5 Minuten quellen lassen.
2. Sonnenblumenöl erhitzen und den Teig in die

Pfanne geben. Ist der mittlere Teil des Omeletts fest, drehst du das Omelett um und backst es auf der anderen Seite aus.

2. Apfel reiben und zusammen mit den anderen Zutaten in die Pfanne geben und noch kurz dünsten.

1.11 Veganes Zwiebelschmalz

Für 4 Portionen

Zubereitungszeit:

ca. 20 Minuten

Schwierigkeitsgrad: leicht

Zutaten:

200 Gramm Kokosöl

1 mittelgroße Zwiebel

½ Apfel

3 Esslöffel gehackte Haselnüsse

Salz und Pfeffer

Zubereitung:

1. Zwiebel fein hacken. Kokosfett erhitzen und die Zwiebel darin dünsten.

1.12 Chiapudding mit Beeren

Für 1 Portion

Zubereitungszeit:

10 Minuten

Schwierigkeitsgrad: leicht

Zutaten:

2 Esslöffel Chiasamen

½ Tasse Hafermilch

200 Gramm Sojajoghurt

Ahornsirup

Frische oder tiefgefrorene Beeren

Geröstete Mandelblättchen

Zubereitung:

1. Chiasamen über Nacht in der Hafermilch quellen

lassen. Chiapudding nach Belieben mit Ahornsirup süßen.

2. Sojajoghurt über den Chiapudding geben. Früchte auf den Sojajoghurt füllen und Mandelblättchen darüberstreuen.

Du kannst die Zutaten verrühren, oder auch das Frühstücksdessert schichtweise anrichten.

1.13 Hirsebrei mit Aprikosen

Für 2 Portionen

Zubereitungszeit: 25 Minuten

Schwierigkeitsgrad: leicht

Zutaten:

125 Gramm Hirse

¼ Liter Mandelmilch

¼ Liter Wasser

¼ Tafel vegane Schokolade

2 Esslöffel Xylitol

6 reife Aprikosen

Mark einer halben Vanilleschote

Zubereitung:

1. Mandelmilch mit Wasser erhitzen, die Hirse dazugeben und verrühren. Vegane Schokolade dazugeben. Etwa 12 Minuten köcheln und anschließend 15 Minuten quellen lassen.

2. Aprikosen in Spalten schneiden und mit etwas Wasser, Vanillemark und Xylitol kurz aufkochen. Die noch warmen Aprikosen über den Hirsebrei geben.

1.14 Vegane Spiegeleier

Für 4 Spiegeleier

Zubereitungszeit: 10 Minuten

Schwierigkeitsgrad: leicht

Zutaten:

2 Esslöffel EyGelb
2 Esslöffel EyWeiß
1 Prise Kala Namak
Sonnenblumenöl
Wasser

Zubereitung:

1. Ey-Pulver in der dreifachen Menge Wasser anrühren und EyWeiß mit Kala Namak würzen.

2. Öl erhitzen und mit dem Löffel 4 Portionen EyWeiß in das heiße Öl geben. Auf jede EyWeiß-Portion einen Löffel EyGelb geben.

Die veganen Spiegeleier schmecken gut auf Vollkorntoast.

Vegan Kochbuch

2. Abwechslungsreiche Hauptgerichte für Mittag- und Abendessen

Beim Mittag- und Abendessen musst du auf schmackhafte vegane Gerichte nicht verzichten. Mit wenig Aufwand kannst du die gesunden Hauptgerichte bereiten. Die Gerichte sind kalorienarm und abwechslungsreich.

2.1 Marokkanisches Ofengemüse mit Bulgur

Für 4 Portionen
Zubereitungszeit:
90 Minuten
Schwierigkeitsgrad: leicht

Zutaten:

500 Gramm geschälte und in grobe Stücke geschnittene Möhren

500 Gramm junge Kartoffeln, gewaschen und längs halbiert

4 Kochzwiebeln, geschält und geviertelt

1 Dose 400 Gramm Kichererbsen, Flüssigkeit abgegossen

100 Gramm Bulgur

Petersilie

Für die Würzmischung

1 Teelöffel Koriander, gemahlen

1 Esslöffel Kreuzkümmel, gemahlen

Vegan Kochbuch

1 Teelöffel Paprika Edelsüß

1 Teelöffel Zimt

1 Messerspitze Piment gemahlen

4 Esslöffel Olivenöl

2 Esslöffel Rotweinessig

Meersalz und gemahlener Pfeffer

Für die Sauce

300 Gramm Sojajoghurt

2 Teelöffel geriebene Zitronenschale

2 Esslöffel Zitronensaft

Frische Minze

Meersalz und gemahlener Pfeffer

Zubereitung:

1. Gewürzmischung bereiten.

2. Gemüse auf einem mit Backpapier ausgelegten Backblech verteilen. Gewürzmischung darübergeben. Gemüse bei 200 Grad Ober- und Unterhitze 25 Minuten rösten.

3. Danach das Gemüse umdrehen und weitere 25 Minuten rösten.

4. Bulgur mit doppelt soviel Wasser nach Packungsanleitung kochen. Wasser abgießen.

5. Alle Zutaten für die Sauce vermischen. Gemüse aus dem Ofen nehmen, mit dem Bulgur vermischen und eventuell etwas Olivenöl dazugeben.

2.2 Quinoa-Chili-Topf

Für 4 Portionen

Zubereitungszeit:

30 Minuten

Schwierigkeitsgrad: leicht

Vegan Kochbuch

Zutaten:

1 Dose 750 Gramm Tomaten
170 Gramm Quinoa
1 Dose schwarze Bohnen
1 Dose Mais
1 rote und 1 gelbe Paprikaschote
360 Milliliter Gemüsebrühe
1 Zwiebel
3 Knoblauchzehen
1 Esslöffel Paprikagewürz edelsüß
Saft einer Zitrone
2 Frühlingszwiebeln
2 Esslöffel Kreuzkümmel gemahlen
1 reife Avocado
Salz, Pfeffer
1 Bund frische Petersilie
Chiliflocken
Sonnenblumenöl

Zubereitung:

1. Zwiebel fein würfeln, Knoblauchzehen sehr klein schneiden, Paprika in Stücke schneiden.

2. Öl erhitzen, Zwiebel, Knoblauch und Paprika darin andünsten. Restliche Zutaten außer Zitronensaft, Frühlingszwiebel, Petersilie und in Scheiben geschnittene Avocado dazugeben, ungefähr 20 Minuten kochen. Frühlingszwiebeln, Petersilie und Avocadoscheiben darübergeben. Mit Zitronensaft abschmecken.

2.3 Jackfrucht Tacos

Für 2 Portionen
Zubereitungszeit: ca. 30 Minuten
Schwierigkeitsgrad: leicht

Zutaten:

500 Gramm grüne Jackfrucht

5 Esslöffel Barbecue Sauce

½ Esslöffel Zitronensaft

½ Teelöffel Kreuzkümmel

½ Teelöffel Paprikapulver

¼ Bund Koriander

½ rote Paprika

½ Zwiebel

2 Esslöffel Olivenöl

2 Wraps (Tortilla)

Zubereitung:

1. Jackfrucht würfeln und mit Barbecue Sauce, Zitronensaft, Paprikapulver vermischen. Zwiebel und Paprika würfeln und im Olivenöl anbraten. Die marinierte Jackfrucht dazugeben und ca. 10 Minute kochen lassen.

2. Die Tortilla Wraps für ein paar Sekunden in einer separaten Pfanne erhitzen oder für 30 Sekunden bei 700 Watt in die Mikrowelle geben. Nun die Wraps füllen und mit Koriander verfeinern.

2.4 Spaghetti mit Linsenbolognese

Für 6 Personen

Zubereitungszeit: ca. 1,5 Stunden

Schwierigkeitsgrad: leicht

Zutaten:

100 Gramm Karotten

2 Zwiebeln

100 Gramm Stangensellerie

100 Gramm Champignons

150 Gramm Tellerlinsen

8 Esslöffel Olivenöl

3 Esslöffel Tomatenmark

2 Teelöffel Ahornsirup

600 Gramm Dosentomaten

200 Milliliter Gemüsebrühe

100 Milliliter trockener Rotwein

1 Rosmarinzweig

Vegan Kochbuch

Bio-Hefeflocken

3 Knoblauchzehen

2 Teelöffel Salz

1 Lorbeerblatt

500 Gramm vegane Spaghetti

Zubereitung:

1. Sellerie, Karotten, Zwiebeln und Champignons würfeln. Olivenöl erhitzen und das Gemüse darin unter gelegentlichem Umrühren schmoren. Tomatenmark mit Ahornsirup dazugeben und zwei Minuten köcheln lassen. Linsen, Tomaten, Wein und Gemüsebrühe dazugeben. Fein gehackten Knoblauch mit Lorbeerblatt und Rosmarin dazugeben. Ungefähr 90 Minuten köcheln lassen. Mit den Gewürzen abschmecken.

2. Spaghetti nach Packungsanleitung kochen. Bolognese über die Spaghetti geben und Hefeflocken darüberstreuen.

2.5 Broccoli-Reis-Pfanne

Für 3 Portionen

Zubereitungszeit: ca. 1 Stunde

Schwierigkeitsgrad: leicht

Zutaten:

500 Gramm Broccoli

300 Gramm Möhren

1 Knolauchzehe

1 Zwiebel

3 Esslöffel Olivenöl

Saft von 1 Zitrone

Abgeriebene Zitronenschale

1 Teelöffel Kreuzkümmel

3 Esslöffel Sojasauce

½ Teelöffel Koriander

80 Gramm geschälte Mandeln

1 Esslöffel Zucker

Pfeffer, Salz

300 Gramm Reis

Zubereitung:

1. Broccoli und Möhren putzen. Broccoli in Röschen und Möhren in Scheiben schneiden. Zwiebeln und Knoblauch fein würfeln.

2. Olivenöl erhitzen, Knoblauch, Zwiebeln und Zitronenschale anrösten. Reis, Möhren, Salz und 450 Milliliter heißes Wasser dazugeben. Aufkochen und zehn Minuten garen. Kreuzkümmel, Koriander und Sojasauce dazugeben.

3. Broccoli in Salzwasser bissfest garen. Mandeln anrösten und mit Zucker karamellisieren. Broccoli zur Reispfanne geben und die Mandeln darüberstreuen.

Vegan Kochbuch

2.6 Chili sin Carne

Für 4 Portionen

Zubereitungszeit: ca. 30 Minuten

Schwierigkeitsgrad: mittel

Zutaten:

300 Gramm Tofu

1 Zwiebel

2 Knoblauchzehen

4 Esslöffel Olivenöl

2 ½ Esslöffel Chilipulver

1 grüne Paprikaschote

500 Gramm Tomaten aus der Dose

Oregano

1 Dose 285 Gramm Maiskörner

1 Dose 250 Gramm Kidneybohnen

Salz, Pfeffer

400 Milliliter Olivenöl

Zubereitung:

1. Tofu in Würfel schneiden. Vom Öl 2 Esslöffel mit ½ Esslöffel Chilipulver verrühren und Tofu darin wenden.

2. Zwiebel und Knoblauch fein würfeln, Paprikaschote in Stücke schneiden. Übriges Öl erhitzen und Zwiebel, Knoblauch und Paprika darin andünsten. Restliches Chilipulver unterrühren.

3. Tomate und Brühe hinzufügen und 5 Minuten kochen. Bohnen und Mais abgießen, dazugeben und ca. 5 Minuten kochen.

4. Tofu in einer beschichteten Pfanne anbraten und zum Chili geben. Mit Salz und Pfeffer würzen.

Dazu schmeckt frischer Salat.

2.7 Spargel mit Räuchertofu

Für 2 Portionen

Zubereitungszeit: 60 Minuten

Schwierigkeitsgrad: mittel

Zutaten:

700 Gramm Kartoffeln

1 Kilogramm Spargel

200 Gramm Räuchertofu

2 Esslöffel Sonnenblumenöl

½ Zitrone

1 Esslöffel vegane Margarine

1 Esslöffel Mandelmus

4 Esslöffel Hefeflocken

1 Teelöffel Guarkernmehl

1 Teelöffel Agavendicksaft

½ Teelöffel Kala Namak

Zubereitung:

1. Kartoffeln gründlich waschen, Spargel schälen. Kartoffeln und Spargel

Vegan Kochbuch

garen. Räuchertofu in Scheiben schneiden.

2. Öl erhitzen und Tofuscheiben knusprig braten.

3. Zitronenhälfte auspressen und den Saft mit der Margarine, dem Mandelmus, dem Guarkernmehl, den Hefeflocken, dem Agavendicksaft, dem Kala Namak und 300 Milliliter heißem Wasser im Mixer pürieren.

Das Gericht mit der Sauce anrichten.

2.8 Bratkartoffelsalat mit Buchweizenpops

Für 4 Portionen

Zubereitungszeit:

90 Minuten

Schwierigkeitsgrad: leicht

Zutaten:

1 Kilogramm Kartoffeln

1 Fenchelknolle

Salz, Pfeffer

1 Zwiebel

4 Esslöffel Weißweinessig

2 Frühlingszwiebeln

50 Milliliter Gemüsebrühe

8 Esslöffel Olivenöl

2 Esslöffel Buchweizen

1 Esslöffel Senfkörner

Zubereitung:

1. Kartoffeln waschen, kochen, abgießen und pellen.

2. Fenchel putzen und in fein Streifen schneiden. Zwiebel fein würfeln und mit dem Fenchel mischen.

3. Brühe, Essig und Agavendicksaft für die Vinaigrette verrühren. Öl unterrühren, mit Salz und Pfeffer würzen.

4. Kartoffeln in Scheiben schneiden. Frühlingszwiebeln in Ringe schneiden. Die Hälfte des

Öls erhitzen, Kartoffeln braten. Im restlichen Öl Zwiebeln und Fenchel anbraten. Kartoffeln mit Zwiebeln und Fenchel vermischen.

5. Buchweizen und Senfkörner in einer beschichteten Pfanne etwa 20 Minuten rösten, bis sie springen.
Buchweizenmischung über den Salat geben.

2.9 Sojamedaillons mit Bohnensalat

Für 2 Portionen

Zubereitungszeit: 40 Minuten

Schwierigkeitsgrad: leicht

Zutaten:

100 Gramm Sojamedaillons

2 Esslöffel Weizenstärke

1 Esslöffel Grill-Gewürzmischung

1 Teelöffel Hefeflocken

1 Teelöffel Salz

1 Teelöffel Paprikapulver edelsüß

4 Esslöffel Sonnenblumenöl

2 Knoblauchzehen

250 Gramm Sojajoghurt

½ Salatgurke

Agavendicksaft

Salz, Pfeffer

Vegan Kochbuch

700 Gramm grüne Bohnen
1 Esslöffel Olivenöl
2 Esslöffel Weißweinessig

Zubereitung:

1. Sojamedaillons zehn Minuten in kochendem Wasser einweichen. Herausnehmen und ausdrücken.

2. Knoblauch schälen, pressen und zum Sojajoghurt geben. Dill waschen und hacken. Gurke schälen und fein raspeln. Gurke, Dill, Agavendicksaft, Salz und Pfeffer zum Sojajoghurt geben und verrühren.

3. Bohnen putzen, in Stücke schneiden und in Salzwasser garen. Frühlingszwiebel in Ringe schneiden und zu den Bohnen geben.

4. Dressing aus Essig, Salz, Pfeffer und Öl bereiten und über die Bohnen geben.

5. Hefeflocken, Gewürze und Stärke mit 100 Milliliter Wasser verrühren und über die Sojamedaillons geben. Sojamedaillons in Öl von beiden Seiten braten und mit dem Bohnensalat und dem Dip anrichten.

2.10 Buchweizen-Risotto

Für 4 Portionen

Zubereitungszeit:
60 Minuten

Schwierigkeitsgrad: leicht

Zutaten:

500 Gramm Pilze wie Champignons, Austernpilze oder Shiitake

200 Gramm Pastinaken

2 Zwiebeln

2 Knoblauchzehen

280 Gramm Buchweizen

3 Esslöffel vegane Margarine

30 Gramm getrocknete Cranberries

150 Milliliter Weißwein

3 Thymianzweige

900 Milliliter Gemüsebrühe

Salz, Pfeffer, etwas Petersilie

Zubereitung:

1. Pilze putzen und in Scheiben schneiden. Zwiebeln und Knoblauchzehen fein würfeln. Pastinaken schälen und würfeln.

2. Einen Teil der Margarine erhitzen und Zwiebeln, Knoblauch, Cranberries und Pastinaken darin anbraten. Buchweizen dazugeben und mitbraten. Weißwein angießen, Thymian dazugeben. Unter Rühren 20 Minuten garen. Gemüsebrühe langsam dazugeben.

3. Pilze in der restlichen Margarine anbraten und mit Salz und Pfeffer würzen. Pilze und Petersilie über das Risotto geben.

Vegan Kochbuch

3. Vegane Pizza Rezepte

Ernährst du dich vegan, musst du auf leckere Pizza nicht verzichten. Vielfältige Variationen kannst du bereiten und dafür veganen Käse verwenden.

3.1 Vegane Pizza mit Paprika

Für 2 Portionen
Zubereitungszeit:
60 Minuten
Schwierigkeitsgrad: leicht

Zutaten:

200 Gramm Dinkelmehl
250 Milliliter lauwarmes Wasser
½ Packung frische Hefe
2 Esslöffel Olivenöl
1 Prise Zucker
1 Prise Salz
2 Esslöffel vegane Margarine
4 Esslöffel Hefeflocken
3 Teelöffel Weizenmehl
1 Teelöffel Senf
100 Milliliter vegane Tomatensauce
1 halbe rote Paprikaschote
Einige eingelegte Pfefferschoten
2 Zwiebeln
Einige entsteinte Oliven
Rosmarin, Oregano

Zubereitung:

1. Mehl sieben, eine Mulde hineindrücken, Hefe hineingeben, 100 Milliliter

Vegan Kochbuch

lauwarmes Wasser, Salz und Öl dazugeben, Teig bereiten und 30 Minuten ruhen lassen.

2. Paprika in Streifen und die Zwiebel in Ringe schneiden. Pfefferschoten in Ringe schneiden. Teig durchkneten, mit Tomatensauce bestreichen, Gemüse auf dem Teig verteilen.

3. Margarine erhitzen, 150 Milliliter Wasser dazugeben. Salz, Senf und Hefeflocken hineingeben. Aufkochen lassen und über die Pizza geben.

4. Pizza mit Oregano und Rosmarin würzen. Bei 180 Grad Umluft 30 Minuten backen.

3.2 Spinatpizza

Für 1 Portion

Zubereitungszeit:

30 Minuten

Schwierigkeitsgrad: leicht

Zutaten:

200 Gramm Weizenmehl

100 Milliliter lauwarmes Wasser

1 Teelöffel Salz

2 Esslöffel Olivenöl

½ Packung Trockenhefe

150 Gramm Blattspinat

1 Zwiebel

1 Chilischote

1 Knoblauchzehe

Etwas Olivenöl

Röstzwiebeln

Salz, Chiliflocken

125 Milliliter vegane Tomatensauce

Zubereitung:

1. Weizenmehl, Hefe, Wasser, Salz und Olivenöl zu einem Teig verarbeiten. Teig 30 Minuten ruhen lassen.

2. Knoblauch pressen, Chilischote in kleine Ringe schneiden und mit Olivenöl vermischen. In der Mikrowelle den Spinat

auftauen, ausdrücken. Zwiebel in Ringe schneiden und in Öl anbraten. Spinat und Knoblauchöl dazugeben, kurz anbraten und abkühlen lassen.

3. Teig durchkneten und ausrollen, mit Tomatensauce bestreichen, Spinat darübergeben. Röstzwiebeln darauf verteilen. Pizza bei 200 Grad Umluft 15 Minuten backen.

3.3 Pizza Chicago

Für 2 Portionen

Zubereitungszeit:

45 Minuten

Schwierigkeitsgrad: leicht

Zutaten:

Pizzateig vegan für 2 Pizzen

2 Paprikaschoten

1 Dose Tomaten

120 Gramm Cashewkerne

1 Beutel Pulled Soja, 75 Gramm

½ Ananas

2 Knoblauchzehen

2 Teelöffel Hatcho Miso

Hefeflocken

Rauchpaprika

Apfelsüße

Liquid Smoke

Paprikapulver, Oregano, Salz, Pfeffer

Olivenöl

Zubereitung:

1. Pizzateig ausrollen. Tomaten mit Salz, Oregano, Pfeffer und Olivenöl verrühren. Aus Hatcho Miso, Rauchpaprika, Portwein, Apfelsüße und Liquid Smoke eine Barbecue-Sauce herstellen.

2. Sojaschnetzel ca. 15 Minuten in heißem Wasser einweichen, ausdrücken und mit Öl anbraten. Barbecue-Sauce dazugeben.

3. Paprikaschoten in Streifen schneiden.

Cashewkerne zu Paste verblenden.
Knoblauchzehen pressen und mit Olivenöl mischen. Ananas in Würfel schneiden.

4. Tomatensauce auf den Teig streichen, Rauchpaprika und Cashewkerne darübergeben.
Sojaschnitzel, Ananas, Paprika und Knoblauchöl auf dem Teig verteilen.

5. Pizza bei 250 Grad Ober- und Unterhitze 8 Minuten backen. Oregano über die Pizza streichen.

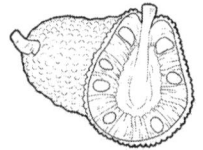

3.4 Pulled-Pork-Pizza

Für 1 Portion
Zubereitungszeit: 40 Minuten (ohne Ruhezeit)
Schwierigkeitsgrad: leicht

Zutaten:

Für den Teig:
110 Gramm Dinkelmehl
2 Gramm Trockenhefe
Etwas Zucker
Salz
70 Milliliter Wasser

Für die Tomatensauce:

1 große Tomate
1 Esslöffel Tomatenmark
Salz, Zucker, Chilipulver

Für den Belag:

1 Dose Jackfrucht, 565 Gramm
1 Zwiebel
1 Knoblauchzehe
70 Milliliter vegane Barbecuesauce
Rauchsalz, Chilipulver, Paprikapulver
1 Esslöffel Öl

Vegan Kochbuch

Für den Käseschmelz:

100 Milliliter Sojamilch

10 Gramm Hefeflocken

5 Gramm Maisstärke

Salz, Chilipulver

Zubereitung:

1. Teig bereiten und über Nacht im Kühlschrank ruhen lassen. Tomatensauce bereiten und dafür die Tomaten mit den übrigen Zutaten pürieren.

2. Für das Pulled Pork die Jackfrucht abtropfen lassen. Zwiebel in Ringe schneiden, Knoblauch pressen. Öl erhitzen und darin Zwiebel, Knoblauch und Jackfrucht anbraten. Gewürze zugeben. Wasser zugeben und solange köcheln lassen, bis das Wasser verdampft ist.

3. Für Käseschmelz die Zutaten in einem Topf aufkochen lassen.

4. Teig ausrollen, Tomatensauce daraufstreichen, Pulled Pork und Käseschmelz daraufgeben.

5. Pizza bei 180 Grad Umluft 30 Minuten backen.

3.5 Pizza Naanstyle

Für 2 Portionen

Zubereitungszeit:

30 Minuten

Schwierigkeitsgrad: leicht

Zutaten:

1 Packung Naanbrot (4 Stück)

1 Frühlingszwiebel

8 Cherrytomaten

1 Teelöffel Ras el Hanout

3 Esslöffel Tomatenmark

Pfeffer, Kreuzkümmel, Salz, Knoblauchpulver, Oregano

3 Esslöffel Olivenöl

4 Champignons

Veganer Käse

Vegan Kochbuch

Zubereitung:

1. Frühlingszwiebel in Ringe schneiden und im Olivenöl andünsten. Kräuter, Tomatenmark und Gewürze dazugeben und mitbraten. Tomate in Stücke schneiden, dazugeben und kurz braten.

2. Sauce über dem Brot verteilen. Champignons in Scheiben schneiden und darübergeben. Käse auf der Pizza verteilen.

3. Pizza bei 200 Grad Ober- und Unterhitze zehn Minuten backen. Auf Grillfunktion noch sieben Minuten weiterbacken.

3.6 Schnelle Pizza

Für 2 Portionen

Zubereitungszeit:

45 Minuten

Schwierigkeitsgrad: leicht

Zutaten:

350 Gramm Mehl

1 Päckchen Trockenhefe

150 Milliliter heißes Wasser

1 Esslöffel Zucker

1 Teelöffel Salz

1 Teelöffel Kümmel

1 Teelöffel Paprikapulver

1 Teelöffel Oregano

Für den Belag

2 Dosen Champignons

1 Dose Ananas

1 Dose Mais

2 Zwiebeln

30 Gramm Tomatenmark

200 Gramm Räuchertofu

4 Esslöffel Olivenöl

Zubereitung:

1. Mehl mit Hefe, Kräutern und Gewürzen mischen. Vom Olivenöl zwei Löffel mit Wasser mischen, unter das Mehl mischen und Teig bereiten. Teig 20 Minuten gehen lassen.

2. Zwiebeln würfeln, in Öl andünsten, Champignons und Tomatenmark dazugeben und mitdünsten. Räuchertofu zerschneiden. Ananas und Mais abtropfen lassen.

3. Pizzateig auf einem mit Backpapier ausgelegten Blech ausrollen. Champignons, Ananas, Mais und Räuchertofu auf dem Teig verteilen. Pizza bei Ober- und Unterhitze 20 Minuten backen,

3.7 Wirsing-Pizza

Für 4 Portionen

Zubereitungszeit:

70 Minuten

Schwierigkeitsgrad: leicht

Zutaten:

Für den Teig:

350 Gramm Dinkelmehl

200 Milliliter lauwarmes Wasser

½ Würfel Frischhefe

Salz, Zucker

2 Esslöffel Olivenöl

Für den Belag:

350 Gramm Wirsingkohl

90 Gramm Pardina Linsen

50 Milliliter Rotwein

100 Gramm Tomatenmark

2 Zwiebeln

1 Dose Tomaten, 500 Gramm

Salz, Pfeffer, Paprikapulver

Etwas Zitronensaft

Etwas geriebene Muskatnuss

5 Esslöffel Olivenöl

Zubereitung:

1. In das Mehl eine Mulde drücken, Hefe hineingeben. Übrige Zutaten für den Teig hinzugeben. Teig bereiten und 50 Minuten gehen lassen.

2. Linsen in Wasser ca. 30 Minuten garen und abgießen. Kohl in schmale Streifen schneiden. Zwiebeln würfeln, Knoblauch pressen. Olivenöl erhitzen und Kohl darin anbraten. Knoblauch und Tomatenmark dazugeben, mit Wein ablöschen, Tomaten dazugeben. Zitronensaft, Gewürze und Linsen dazugeben, alles gut durchrühren.

3. Teig auf einem mit Backpapier belegten Blech ausrollen und Wirsingmasse darauf verteilen. Pizza bei 200 Grad Ober- und Unterhitze 30 Minuten backen.

3.8 Knoblauch-Champignon-Pizza

Für 2 Portionen

Vegan Kochbuch

Zubereitungszeit: 70 Minuten

Schwierigkeitsgrad: leicht

Zutaten:

Für den Teig:

300 Gramm Weizenmehl

170 Milliliter Wasser

1 Teelöffel Salz

1 Päckchen Trockenhefe

Für den Belag:

6 Esslöffel Knoblauchöl

2 Knoblauchzehen, gewürfelt

1 Esslöffel Tomatenmark

2 Spitzpaprika

250 Gramm Champignons

1 Zwiebel

Salz, Pfeffer

Italienische Kräuter

Harissa

Zubereitung:

1. Teig bereiten und 40 Minuten gehen lassen. Knoblauch fein würfeln,

Zwiebel in Ringe schneiden, Paprika und Pilze schneiden. Tomatenmark mit Öl, Salz und Pfeffer mischen.

2. Teig auf einem mit Backpapier belegten Blech ausrollen, Tomatenmark darauf verteilen, Zwiebeln, Paprika, Pilze und Knoblauch auf den Teig legen. Salz, Harissa und Kräuter über die Pizza geben. Pizza bei 250 Grad ca. 15 Minuten backen.

3.9 Türkische Pizza

Für 8 Portionen

Zubereitungszeit: 1 Stunde

Schwierigkeitsgrad: leicht

Zutaten:

Für den Teig:

1 kg Mehl

650 Milliliter Wasser

1 Packung Frischhefe

1 Esslöffel Salz

Für den Belag:

2 Stangen Porree

1 Zwiebel

3 Tomaten

Salz, Pfeffer, Paprikapulver

Olivenöl

1 Teelöffel getrocknete Minze

50 Milliliter Wasser

Zubereitung:

1. Zutaten für den Teig verkneten und 30 Minuten ruhen lassen. Porree und Zwiebel in Ringe, Tomaten in Scheiben schneiden. Öl erhitzen und Zwiebeln darin anbraten. Tomaten und Porree mitbraten. Gewürze und Wasser hinzufügen und köcheln lassen, bis das Wasser verdunstet ist.

2. Teig dünn ausrollen und den Belag darauf verteilen.

Vegan Kochbuch

Pizza bei 200 Grad vier bis fünf Minuten backen.

3.10 Kichererbsen-Pizza

Für 4 Portionen
Zubereitungszeit: 60 Minuten
Schwierigkeitsgrad: leicht

Zutaten:

Für den Teig:
180 Gramm gekochte Kichererbsen
230 Gramm gemahlene Sonnenblumenkerne
60 Milliliter Kokosöl
1 Teelöffel Currypulver
1 Teelöffel Kreuzkümmel
½ Teelöffel Kurkuma
Meersalz

Für den Belag:

1 Süßkartoffel, fein gerieben
1 kleine Zwiebel, gewürfelt
1 Broccoli, in Röschen
½ Kopf Blumenkohl, in Röschen
1 Handvoll Sonnenblumenkern-Keime
Vegane Tomatensauce

Zubereitung:

1. Teig aus den Zutaten bereiten und auf einem mit Kokosöl eingefetteten Backblech ausrollen.

2. Tomatensauce darauf verteilen. Gemüse und Sonnenblumenkern-Keimlinge auf den Teig legen. Bei 150 Grad Umluft 45 Minuten backen.

3.11 Rote-Bete-Pizza

Für 4 Portionen
Zubereitungszeit: 60 Minuten
Schwierigkeitsgrad: leicht

Zutaten:

Für den Teig:
230 Gramm gemahlene Sonnenblumenkerne
60 Milliliter Kokosöl
Meersalz
1 Rote Bete
½ Teelöffel getrocknete Petersilie

Für den Belag:

1 Zwiebel, in Scheiben
1 Stange Staudensellerie, in Scheiben
1 Tomate, in Scheiben
1 Handvoll frisches Basilikum, gehackt
2 Frühlingszwiebeln, in Ringen
Vegane Tomatensauce

Zubereitung:

1. Teig aus den Zutaten bereiten, dazu die Rote Bete schälen und fein reiben.

2. Teig auf einem mit Kokosöl bestrichenen Backblech ausrollen. Auf dem Teig die Tomatensauce verteilen, den Belag auf den Teig geben. Bei 150 Grad Umluft 45 Minuten backen.

4. Vegan Bowls

Bowls sind kleine Gerichte, die appetitlich in einer Schüssel als Einzelportion angerichtet werden können. Diese Bowls kannst du auch vegan zubereiten. Sie eignen sich zum Frühstück, aber auch zwischendurch oder zu Mittag- oder Abendessen. Es gibt süße und herzhafte Variationen, die schnell und einfach zubereitet sind.

4.1 Matcha Smoothie Bowl

Für 2 Portionen
Zubereitungszeit:
5 Minuten
Schwierigkeitsgrad: leicht

Zutaten:

½ Avocado
2 Bananen
100 Milliliter Mandelmilch
1 Esslöffel Matcha-Pulver
Einige Avocadoscheiben, Bananenscheiben und Mandeln zum Dekorieren

Zubereitung:

1. Alle Zutaten im Mixer zu einer cremigen Substanz mischen.

2. In Schüsseln füllen und dekorieren.

4.2 Hirse-Bowl mit Früchten

Für 1 Portion
Zubereitungszeit:
10 Minuten
Schwierigkeitsgrad: leicht

Zutaten:

½ Tasse Hirse

1 Tasse Mandelmilch

1 Teelöffel Kurkuma

1 Messerspitze Ingwerpulver

1 Messerspitze Zimt

Ahornsirup

Nüsse und Früchte nach Wahl

Zubereitung:

1. Hirse heiß abspülen. Milch aufkochen und Hirse mit den Gewürzen hinzugeben. Zugedeckt 10 Minuten köcheln lassen. Mit Ahornsirup süßen.

2. Hirse mit Früchten und Nüssen in einer Schüssel anrichten.

4.3 Quinoa-Bowl mit Nüssen

Für 4 Portionen
Zubereitungszeit:
40 Minuten
Schwierigkeitsgrad: leicht

Zutaten:

500 Milliliter Mandel-Kokos-Drink

250 Gramm Quinoa

1 Zimtstange, Kardamom, etwas Vanillemark

1 Esslöffel Kokosblütenzucker

1 Becher Kokosjoghurt

Mango von Joya

1 Handvoll Walnüsse und Obst

Ahornsirup

Zubereitung:

1. Mandelkokosdrink mit Kokosblütenzucker und Gewürzen verrühren, kochen lassen. Quinoa dazugeben und 15 Minuten köcheln lassen. Anschließend noch 10 Minuten quellen lassen.

2. Quinoa mit Ahornsirup süßen und zusammen mit Kokosjoghurt, Nüssen und Obst in Schüsseln anrichten.

4.4 Burrito-Bowl

Für 4 Portionen

Zubereitungszeit: 30 Minuten

Schwierigkeitsgrad: leicht

Zutaten:

200 Gramm Jasminreis

1 rote Paprika

2 Zwiebeln

150 Gramm gekochte schwarze Bohnen

200 Gramm Passata

½ Chilischote

200 Milliliter Passata

1 fein gehackte Knoblauchzehe

2 Esslöffel Tomatenmark

1 Esslöffel Agavendicksaft

1 Esslöffel fein gehackter Koriander

2 Teelöffel Tabasco

150 Gramm gekochte Maiskolben

2 Limetten

Einige Salatblätter

Salz, Pfeffer

Olivenöl

Cashew-Käse-Dip als Topping

Zubereitung:

1. Jasminreis kochen. Zwiebeln und Paprikaschote würfeln, Chilischote in Ringe schneiden.

2. Olivenöl erhitzen und die Hälfte der Zwiebeln darin andünsten. Bohnen,

Tomatenmark, Passata, Knoblauch, Agavendicksaft, Koriander, Salz und Pfeffer dazugeben und 15 Minuten köcheln lassen.

3. Zwiebeln mit Paprika und Chili in einer weiteren Pfanne mit Olivenöl anbraten. Saft und abgeriebene Schale einer Limette unter den Jasminreis rühren. Mais mit Essig, Öl, Salz und Pfeffer würzen.

4. Reis mit Salatblättern, Limettenscheiben und den übrigen Zutaten mischen. Cashew-Käse-Dip darübergeben.

4.5 Curry-Linsen-Bowl

Für 4 Portionen
Zubereitungszeit:
60 Minuten
Schwierigkeitsgrad: leicht

Zutaten:

Für das Curry:

400 Milliliter Dosentomaten

400 Gramm Linsen

1,3 Liter Gemüsebrühe

2 Zwiebeln

2 Knoblauchzehen

2 Esslöffel Thai-Currypaste

½ Teelöffel Kreuzkümmelpulver

1 Teelöffel Garam Masala

150 Gramm Basmatireis

300 Milliliter Salzwasser

10 Karotten, in Stücke

1 Teelöffel Garam Masala

3 Esslöffel Sonnenblumenöl

1 Teelöffel Salz

Für den Dip:

100 Gramm Cashewkerne

6 Esslöffel Zitronensaft

70 Milliliter Wasser

Salz

1 Knoblauchzehe, gehackt

1 Handvoll gehackte frische Petersilie

Zusätzlich:

Gehackte Petersilie

1 Avocado

Zubereitung:

1. Zwiebeln und Knoblauch für das Curry hacken. Öl erhitzen und Zwiebel und Knoblauch darin anbraten. Currypaste und Gewürze dazugeben. Tomaten und ein Drittel der Gemüsebrühe sowie die Linsen dazugeben und 45 Minuten köcheln lassen, dabei Gemüsebrühe nachgießen.

2. Karotten mit den restlichen Zutaten auf ein Backblech legen und bei 220 Grad 25 Minuten backen. Reis 10 Minuten kochen und noch 5 Minuten quellen lassen.

3. Avocado in Spalten schneiden. Dip aus gemahlenen Cashewkernen und den übrigen Zutaten bereiten.

4. Reis unter das Curry rühren und das Curry mit Karotten, Avocadospalten, Petersilie und Dip anrichten.

4.6 Marokkanische Bowl

Für 4 Portionen

Zubereitungszeit:

90 Minuten

Schwierigkeitsgrad: leicht

Zutaten:

400 Gramm Kichererbsen

400 Milliliter Gemüsebrühe

400 Gramm Dosentomaten

100 Gramm Rosinen

2 Zwiebeln

3 Knoblauchzehen

1 Aubergine

3 Esslöffel Tomatenmark

2 Teelöffel Zimt

1 Teelöffel Salz

1 Teelöffel Kümmel
1 Teelöffel gemahlener Ingwer
½ Teelöffel Paprikapulver
1 Teelöffel Kurkuma
2 Avocados
½ Bund Koriander
½ Bund Minze
2 Esslöffel Olivenöl
2 Esslöffel Zitronensaft
1 Teelöffel Agavendicksaft
200 Gramm Couscous
125 Gramm Sojajoghurt
2 Esslöffel Granatapfelkerne
1 Handvoll Mandeln
2 Esslöffel Kokosöl

Zubereitung:

1. Aubergine in Stücke schneiden, Kichererbsen abgießen, eine Zwiebel und den Knoblauch hacken, die andere Zwiebel in Achtel schneiden.

2. Etwas Kokosöl erhitzen, Zwiebel und Knoblauch andünsten. Aubergine, Tomatenmark und Salz dazugeben, 5 Minuten andünsten. Ablöschen mit 300 Milliliter Gemüsebrühe. Tomaten dazugeben, aufkochen lassen. Alles bei geringerer Hitze 20 Minuten kochen lassen und restliche Gemüsebrühe dazugeben.

3. Kichererbsen und Hälfte der Rosinen dazugeben und weitere 10 Minuten kochen.

4. Couscous zubereiten und mit den restlichen Rosinen mischen. Avocados in Würfel schneiden, Kräuter hacken. Aus den restlichen Zutaten ein Dressing bereiten. Couscous mit den Auberginen und dem Dressing anrichten.

4.7 Kichererbsen-Frühstücks-Bowl

Für 2 Portionen
Zubereitungszeit:
30 Minuten
Schwierigkeitsgrad: leicht

Zutaten:

265 Gramm gegarte Kichererbsen

1 Avocado

1 Süßkartoffel

Koriander

Gewürzmischung:

1 Teelöffel Kreuzkümmel

1 Teelöffel Kurkuma

½ Teelöffel Kala Namak

½ Teelöffel Paprikapulver

Zusätzlich für Baba Ghanoush

3 Knoblauchzehen

1 Aubergine

3 Esslöffel Tahin

½ Teelöffel Kreuzkümmel

1 Messerspitze Pfeffer

1 Aubergine

Zubereitung:

1. Aubergine halbieren und mit Salz bestreuen. Abtupfen und auf ein Backblech legen. Die Schnittfläche muss nach unten zeigen. Mehrmals mit der Gabel einstechen.

2. Süßkartoffel längs vierteln, in Scheiben schneiden und mit Salz und Pfeffer mischen. Auf das Backblech mit der Aubergine legen. Bei 200 Grad Ober- und Unterhitze 20 bis 30 Minuten backen.

3. Fruchtfleisch der Aubergine auslösen und mit den weiteren Zutaten für Baba Ghanoush im Mixer pürieren.

4. Kichererbsen zerquetschen und 5 Minuten braten. Mit Wasser und den Gewürzen eine Gewürzmischung bereiten und zu den Kichererbsen geben. Solange köcheln lassen, bis die Marinade verkocht ist. Unter die Kichererbsen 2 Esslöffel Baba Ghanoush rühren.

5. Kichererbsen mit in Scheiben geschnittener Avocado und dem Rest Baba Ghanoush anrichten.

4.8 Nacho Bowl

Für 2 Portionen

Zubereitungszeit:

40 Minuten

Schwierigkeitsgrad: leicht

Zutaten:

400 Gramm Kidneybohnen

1 Tasse Reis

1 Esslöffel Japapeno, grün

4 Esslöffel Tortilla-Chips

Salz und Pfeffer

Für das Gemüse:

2 Paprikaschoten

200 Gramm Pilze

1 Zucchini

Salz und Pfeffer

Für den Dip:

2 Avocados

Limettensaft

Salz und Pfeffer

1 Prise gemahlene Muskatnuss

Für den Salat:

2 Gemüsezwiebeln

1 Tomate

1 Salatherz

2 Esslöffel Olivenöl

1 Esslöffel Agavendicksaft

3 Esslöffel Weißweinessig

Salz und Pfeffer

Zubereitung:

1. Zucchini halbieren und in Scheiben schneiden. Paprika in Streifen und Pilze in Scheiben schneiden. Alles anbraten und würzen.

2. Vom Salatherz den Strunk abschneiden und das Salatherz in Streifen schneiden. Tomate in Würfel und Frühlingszwiebel in Ringe schneiden. Dressing aus dem Rest der Salatzutaten bereiten und alles vermischen.

3. Reis in Salzwasser kochen. Bohnen abgießen und dazugeben, kurz aufkochen lassen. Avocado mit den restlichen Zutaten im Mixer pürieren. Alles attraktiv anrichten.

4.9 Chili-Bowl mit schwarzen Bohnen

Für 4 Portionen

Vegan Kochbuch

Zubereitungszeit:
120 Minuten
Schwierigkeitsgrad: leicht

Zutaten:

400 Gramm getrocknete schwarze Bohnen

400 Gramm Champignons

1 Liter Salzwasser

500 Milliliter Wasser

4 Esslöffel Limettensaft

½ Bund Koriander

1 Esslöffel Tomatenmark

2 Zwiebeln

4 Knoblauchzehen

4 Süßkartoffeln

4 eingelegte Chilischoten

Pfeffer, Salz

Sonnenblumenöl

Paprikapulver edelsüß

Sojajoghurt

Zubereitung:

1. Bohnen im Wasser über Nacht einweichen und dann in 1 Liter Salzwasser 90 Minuten garen. Wasser

beim Abgießen auffangen. Zwiebeln und Knoblauch fein würfeln, Chilischoten in Ringe schneiden.

2. Pflanzenöl erhitzen, Zwiebeln mit Knoblauch und Chili darin anbraten. Tomatenmark dazugeben, kurz andünsten. Pilze und Koriander dazugeben und kurz dünsten. Mit 150 Milliliter Bohnenwasser ablöschen, Wasser einreduzieren lassen. Bohnen mit restlichem Wasser dazugeben und 30 Minuten unter regelmäßigem Umrühren weiterkochen. Gewürze und 4 Esslöffel Limettensaft dazugeben.

3. Pflanzenöl mit Paprikapulver, Pfeffer und Salz mischen. Süßkartoffeln in Scheiben schneiden und dazugeben. Süßkartoffeln auf ein Backblech legen und 30 Minuten bei 180 Grad Ober- und Unterhitze backen. Süßkartoffeln mit Bohnen anrichten und mit Sojajoghurt toppen.

4.10 Vegane Sushi-Bowl

Für 2 Portionen

Zubereitungszeit:

30 Minuten

Schwierigkeitsgrad: leicht

Zutaten:

300 Gramm Sushireis

2 Karotten

1 Gurke

1 Avocado

2 Noriblätter

1 kleines Stück Ingwer

Sojasauce

Zubereitung:

1. Reis nach Packungsanleitung kochen. Karotte, Gurke und Noriblätter in feine Streifen, Avocado in Spalten schneiden. Ingwer schälen, würfeln und mit Sojasauce mischen.

2. Reis mit dem Gemüse in zwei Schüsseln anrichten.

5. Vegan to go – Schnelle Rezepte für Berufstätige und Sportler

Bist du berufstätig oder treibst du viel Sport, muss es bei der Zubereitung der Mahlzeiten häufig schnell gehen oder du benötigst etwas zum Mitnehmen. Auf veganes Essen musst du nicht verzichten. Verschiedene Gerichte lassen sich innerhalb weniger Minuten bereiten.

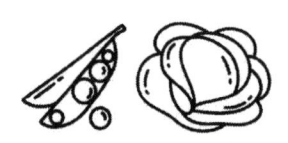

5.1 Avocado-Kichererbsen-Salat

Für 4 Portionen

Zubereitungszeit: 15 Minuten

Schwierigkeitsgrad: leicht

Zutaten:

1 Dose Kichererbsen
2 reife Avocados
1 Zitrone
1 kleine Salatgurke
2 Bund Rucola
2 Esslöffel Olivenöl
1 Esslöffel Sesam hell
1 Esslöffel Sesam schwarz
Salz

Zubereitung:

1. Kichererbsen abtropfen lassen. Von der Schale der Zitrone 1 Teelöffel abreiben. Zitrone auspressen und vom Saft 2 Esslöffel mit 3 Esslöffel Wasser, Salz, Zitronenschale und Olivenöl verrühren, über die Kichererbsen geben.

2. Gurke schälen, halbieren, Kerne entfernen und Gurke in feine Scheiben schneiden.

3. Von der Avocado das Fruchtfleisch in Spalten

schneiden und zusammen mit Rucola und Sesam zum Salat geben.

5.2 Couscous to go

Für 2 Portionen

Zubereitungszeit:

30 Minuten

Schwierigkeitsgrad: leicht

Zutaten:

1 kleine Aubergine

500 Gramm Kirschtomaten

500 Gramm Zucchini

300 Gramm Couscous

1 gehackte Zwiebel

2 Knoblauchzehen, fein gewürfelt

500 Milliliter Tomatensaft

200 Gramm Sojajoghurt

4 Esslöffel Olivenöl

Ras el-Hanout

Salz, Pfeffer

Oregano und Thymian

500 Milliliter Wasser

Zubereitung:

1. Aubergine und Zucchini würfeln, Tomaten halbieren, Kräuter hacken.

2. Öl erhitzen, Zwiebel, Knoblauch und Aubergine darin anbraten. Kräuter und Gewürze hinzufügen. Tomatensaft, Wasser und Couscous dazugeben und verrühren. Kochen, bis die Flüssigkeit verdampft ist. Tomaten nach etwa zehn Minuten dazugeben. Vor dem Servieren den Sojajoghurt unterheben.

5.3 Melonen-Gurken-Salat

Für 3 Portionen

Zubereitungszeit:

10 Minuten

Schwierigkeitsgrad: leicht

Vegan Kochbuch

Zutaten:

1 Gurke
1 Cantaloupe-Melone
1 Esslöffel Agavendicksaft
1 Esslöffel Olivenöl
2 Handvoll frische Minze
2 Esslöffel Balsamico
Salz, Pfeffer

Zubereitung:

1. Melone halbieren, Kerne entfernen und Schale großzügig entfernen. Melone würfeln.

2. Gurke schälen, halbieren, Kerne entfernen. Gurke in Scheiben schneiden. Minze hacken. Alle Zutaten vermischen, einige Minuten ziehen lassen.

Zutaten:

250 Gramm rote Linsen
5 mittelgroße Tomaten
1 Bund Petersilie
1 Esslöffel Olivenöl
Harissa
Zitronensaft
Balsamico
Salz

Zubereitung:

1. Rote Linsen nach Packungsanleitung kochen, abschrecken.

2. Tomaten in Stücke schneiden. Petersilie fein hacken. Alle Zutaten vermischen und Salat ziehen lassen.

5.4 Salat aus roten Linsen

Für 4 Portionen
Zubereitungszeit:
30 Minuten
Schwierigkeitsgrad: leicht

5.5 Kohl thailändisch

Für 2 Portionen

Zubereitungszeit:

30 Minuten

Schwierigkeitsgrad: leicht

Zutaten:

100 Gramm Rotkohl

½ Weißkohlkopf

2 Karotten

1 Limette

Für die Sauce:

2 Esslöffel Sriracha-Sauce

5 Esslöffel Sojasauce

3 Esslöffel Ketchup vegan

½ Esslöffel Honig

1 Esslöffel Ingwer, frisch gerieben

Zubereitung:

1. Kohl und Karotten in sehr feine Streifen schneiden und Weißkohl ohne Fett erhitzen. Kohl etwa 10 Minuten anbraten, dann die Sauce bereiten.

2. Sauce, Rotkohl und Karotten dazugeben. Limette in Scheiben schneiden und Kohlgericht mit Limettenscheiben anrichten.

5.6 One Pot Pasta

Für 4 Portionen

Zubereitungszeit:

12 Minuten

Schwierigkeitsgrad: leicht

Zutaten:

500 Gramm Spaghetti

400 Gramm Tomaten, gehackt

1 Zwiebel

2 Knoblauchzehen

2 Esslöffel Oregano, gehackt

Vegan Kochbuch

2 Esslöffel Olivenöl

1 Liter Gemüsebrühe

Chiliflocken

Salz, Pfeffer

Zubereitung:

1. Zwiebel und Knoblauch fein würfeln, Tomaten hacken.

2. Spaghetti, Tomaten, Zwiebel und Knoblauch in einen Topf geben, kochende Gemüsebrühe darübergießen. Olivenöl dazugeben und alles 11 Minuten kochen lassen. Abschmecken mit Chiliflocken, Salz und Pfeffer.

5.7 Kichererbsen-Curry

Für 2 Portionen

Zubereitungszeit: 25 Minuten

Schwierigkeitsgrad: leicht

Zutaten:

400 Gramm Kichererbsen aus der Dose

400 Gramm Dosentomaten

1 rote Paprikaschote

1 Zwicbcl

1 ½ Esslöffel Olivenöl

2 Esslöffel Tomatenmark

2 Teelöffel Kreuzkümmel

1 Teelöffel Curry

Chilipulver

2 Esslöffel Sojajoghurt

Zubereitung:

1. Paprika in Stücke schneiden, Zwiebel würfeln.

2. Öl erhitzen, Zwiebel andünsten, Paprika dazugeben und anbraten. Kichererbsen und Tomaten dazugeben alles verrühren, kurz mitdünsten.

3. Mit Tomatenmark und Gewürzen ca. 15 Minuten köcheln, Gewürze unterrühren. Mit Sojajoghurt servieren.

5.8 Glasnudelsalat

Für 2 Portionen

Zubereitungszeit: 40 Minuten

Schwierigkeitsgrad: leicht

Zutaten:

4 Karotten

1 Gurke

100 Gramm Glasnudeln

1 kleines Stück Ingwer

8 Esslöffel Sojasauce

1 Esslöffel Srirachasauce

½ Esslöffel Agavendicksaft

Saft einer Limette

Zubereitung:

1. Gurke und Karotte in Stifte schneiden, Ingwer schälen und würfeln. Glasnudeln nach Packungsanleitung zubereiten.

2. Aus Limettensaft, Srirachasauce, Sojasauce, Agavendicksaft und Ingwer eine Sauce bereiten. Glasnudeln, Karotten und Gurken mit der Sauce mischen.

5.9 Seidentofu mit Frühlings-Zwiebeln

Für 2 Portionen

Zubereitungszeit: 25 Minuten

Schwierigkeitsgrad: leicht

Zutaten:

Für das Dressing:

2 Teelöffel süße Sojasauce

2 ½ Teelöffel Sojasauce

2 Zweige Koriander

1 kleines Stück Ingwer

1 Teelöffel Reisessig

1 Spritzer Sesamöl

1 Messerspitze Chiliflocken

1 Frühlingszwiebel
300 Gramm Seidentofu
2 Frühlingszwiebeln
100 Gramm Edamame-Bohnen

Zubereitung:

1. Dressing bereiten, dafür Frühlingszwiebel in Ringe und Ingwer in kleine Würfel schneiden. Edamame-Bohnen mit Salzwasser blanchieren und abschrecken.

2. Tofu in Scheiben, Frühlingszwiebel in Ringe schneiden. Tofu mit den übrigen Zutaten anrichten.

5.10 Kurkuma-Kokosreis

Für 4 Portionen
Zubereitungszeit:
25 Minuten
Schwierigkeitsgrad: leicht

Zutaten:

200 Gramm Reis
200 Milliliter Kokosmilch
300 Milliliter Wasser
1 kleine Zwiebel
3 Knoblauchzehen
1 ½ Teelöffel Olivenöl
½ Teelöffel Salz
1 Teelöffel Ingwer gemahlen
1 ½ Teelöffel Kurkuma
1 Bund Basilikum

Zubereitung:

1. Zwiebel und Knoblauch fein würfeln und im heißen Olivenöl anbraten. Reis, Ingwer, Salz und Kurkuma dazugeben und kurz anbraten.

2. Wasser und Kokosmilch dazugeben und alles aufkochen lassen. Etwa 15 Minuten kochen, bis die Flüssigkeit verdampft ist. Basilikum hacken und darunterheben.

5.11 Süßkartoffel-Spalten mit Mango-Guacamole

Für 2 Portionen

Zubereitungszeit: 25 Minuten

Schwierigkeitsgrad: leicht

Zutaten:

Für die Wedges:

1 große Süßkartoffel

1 Teelöffel Paprikapulver edelsüß

2 Esslöffel Sonnenblumenöl

½ Teelöffel Pfeffer

1 Teelöffel Salz

Für die Guacamole:

1 Avocado

½ Mango

2 Teelöffel Zitronensaft

Salz, Pfeffer

½ Bund Petersilie

Zubereitung:

1. Süßkartoffel waschen und mit Schale in Wedges schneiden. Öl mit den Gewürzen mischen und Wedges darin wenden. Wedges auf ein mit Backpapier gelegtes Blech legen und bei 200 Grad Ober- und Unterhitze 20 Minuten backen. Nach 15 Minuten die Wedges wenden.

2. Fruchtfleisch aus der Avocado entfernen, zerdrücken, mit Zitronensaft, Salz und Pfeffer verrühren. Mango in Würfel schneiden, Petersilie hacken. Petersilie und Mango unter die Guacamole geben.

Vegan Kochbuch

6. Leckere Snacks und Beilagen

Was wäre eine Mahlzeit ohne eine leckere Beilage oder einen Snack zwischendurch? Mit wenigen Zutaten und einem geringen Zeitaufwand zauberst du vegane Beilagen für vielfältige Gerichte und abwechslungsreiche Snacks.

6.1 Gefüllte Champignons

Für 15 Portionen

Zubereitungszeit: 25 Minuten

Schwierigkeitsgrad: leicht

Zutaten:

15 Champignons

150 Milliliter vegane Salsa

3 Esslöffel Kidneybohnen

3 Esslöffel Mais

2 Esslöffel Olivenöl

1 Esslöffel Mehl

100 Gramm veganer Käse, gerieben

Salz, Pfeffer

Zubereitung:

1. Champignons putzen, Stiele und Lamellen entfernen, mit Olivenöl einstreichen.

2. Mais, Kidneybohnen, Salsasauce und Mehl vermischen und mit Salz und Pfeffer würzen.

3. Masse in die Champignons füllen, Käse darüberstreuen. Champignons in der Grillschale bei geschlossenem Deckel 7 Minuten grillen.

6.2 Sommerrollen

Für dieses Rezept benötigst du einen Food Prozessor.

Für 2 Portionen
Zubereitungszeit:
25 Minuten
Schwierigkeitsgrad: leicht

Zutaten:

Für die Sommerrollen:
6 Reisblätter
3 Möhren
1 Avocado
1 Mango
1 Gurke
½ Rotkohlkopf
1 kleiner Eisbergsalat
2 Frühlingszwiebeln
Etwas frische Minze
1 Esslöffel schwarzer Sesam

Vegan Kochbuch

Für die Erdnusssauce:

2 Esslöffel Erdnussbutter
1 Esslöffel Kokosmilch
1 Esslöffel Sojasauce
3 Teelöffel Reisessig
2 Teelöffel Ahornsirup
1 Knoblauchzehe
1 kleines Stück Ingwer

Zubereitung:

1. Alle Zutaten für die Sauce im Food Processor mixen. Aus der Avocado das Fruchtfleisch lösen und in Streifen schneiden. Mango, Möhren und Gurke schälen und in Streifen schneiden. Eisbergsalat und Rotkohl in Streifen, Frühlingszwiebel in Ringe schneiden.

2. Reisblätter anfeuchten. Zutaten gleichmäßig darauf verteilen und vollständig in die Reisblätter einrollen. Mit Sesam bestreuen.

Vegan Kochbuch

6.3 Kichererbsen-Pfannkuchen

Für 3 Portionen
Zubereitungszeit:
ca. 15 Minuten
Schwierigkeitsgrad: leicht

Zutaten:

150 Gramm Kichererbsenmehl
1 Esslöffel Öl
½ Teelöffel Salz
250 Milliliter Wasser
Sonnenblumenöl

Zubereitung:

1. Kichererbsenmehl mit Wasser verrühren, Salz und Öl unterrühren.

2. Öl erhitzen und Teig hineingeben. Von jeder Seite etwa 4 Minuten backen.

6.4 Bruschetta

Für 4 Portionen
Zubereitungszeit:
10 Minuten
Schwierigkeitsgrad: leicht

Zutaten:

500 Gramm Tomaten
50 Milliliter Olivenöl
1 Knoblauchzehe
Salz, Pfeffer
Etwas frisches Basilikum
Ciabatta-Brot

Zubereitung:

1. Tomaten mitbrühen, ziehen lassen, abgießen, Schale und Kerne entfernen. Tomaten würfeln.

2. Knoblauchzehen pressen, mit Olivenöl, Salz und Pfeffer mischen.

3. Basilikum hacken und dazugeben. Tomaten unterheben. Ciabatta-Brot

in Scheiben schneiden und in Olivenöl anbraten. Tomaten darauf verteilen.

6.5 Tofunuggets mit zwei Panaden

Für 2 Portionen

Zubereitungszeit: 20 Minuten

Schwierigkeitsgrad: leicht

Zutaten:

400 Gramm Tofu

Sonnenblumenöl

Zitronensaft

Für die klassische Panade:

2 Esslöffel Mehl

100 Milliliter Sojamilch

Paniermehl

Salz

Für die Haferflockenpanade

2 Esslöffel Mehl

Haferflocken

100 Milliliter Sojamilch

Salz

1 Teelöffel Senf

1 Teelöffel gehackte Petersilie

Zubereitung:

1. Tofu in 1 Zentimeter dicke Scheiben schneiden. Für die Panaden jeweils die Zutaten bis auf Paniermehl bzw. Haferflocken mischen. Tofu im Teig und dann im Paniermehl bzw. in den Haferflocken wenden.

2. Öl erhitzen und Tofu von beiden Seiten darin braten. Mit Zitronensaft beträufeln.

6.6 Couscous-Kroketten

Für 4 Portionen

Zubereitungszeit:

ca. 30 Minuten

Schwierigkeitsgrad: leicht

Zutaten:

300 Gramm Couscous

300 Gramm gekochte Kartoffeln

Olivenöl

Petersilie

½ Teelöffel gemahlener Koriander

Muskatnuss

Salz, Pfeffer

2 Esslöffel gehackte Haselnüsse

50 Milliliter Zitronensaft

½ Esslöffel Hefeflocken

Rosmarin

Zubereitung:

1. Couscous in Wasser quellen lassen, abgießen und mit den übrigen Zutaten zu Teig verarbeiten.

2. Kroketten formen. Öl erhitzen, Rosmarin mitbraten und die Kroketten darin goldbraun braten.

6.7 Rosmarin-Kartoffeln

Für 2 Portionen

Zubereitungszeit: 1 Stunde

Schwierigkeitsgrad: leicht

Zutaten:

3 große Kartoffeln

1 Rosmarinzweig

Sonnenblumenöl

Salz

Zubereitung:

1. Kartoffeln putzen, mit Schale kochen. Kartoffeln pellen, in Spalten schneiden.

2. Öl erhitzen, Rosmarin hineingeben und Kartoffeln von allen Seiten goldbraun braten, salzen.

6.8 Artischocken mit Wasabi-Mayonnaise

Für 4 Portionen
Zubereitungszeit: 1 Stunde
Schwierigkeitsgrad: leicht

Zutaten:

4 Artischocken

Salz

3 Esslöffel Zitronensaft

4 Esslöffel Olivenöl

Für die Mayonnaise:

1 Teelöffel Wasabipaste

80 Gramm Sojajoghurt

150 Milliliter Rapsöl

1 Teelöffel Zitronensaft

1 Prise Salz

4 Zitronenhälften

Zubereitung:

1. Von den Artischocken die äußeren Blätter entfernen. Artischocken halbieren, Staubgefäße entfernen. Von den Blättern die Spitzen einkürzen. Zitronensaft und Olivenöl mischen, Artischocken damit bestreichen.

2. Artischocken salzen und jeweils in Alufolie einschlagen. Artischocken ca. 30 Minuten auf dem Grill garen, dann aus der Folie nehmen und noch kurz mit der Schnittfläche auf den Grillrost legen. Für die Mayonnaise alle Zutaten mischen.

3. Artischocken mit einer halben Zitrone servieren.

Vegan Kochbuch

6.9 Glasierte Pastinaken-Stäbchen

Für 2 Portionen
Zubereitungszeit:
45 Minuten
Schwierigkeitsgrad: leicht

Zutaten:

2 Pastinaken
100 Milliliter Weißwein
3 Esslöffel Ahornsirup
3 Esslöffel Sonnenblumenöl

Zubereitung:

1. Pastinaken in Stäbchen schneiden. Öl erhitzen und Pastinaken darin ca. 5 Minuten braten. Ahornsirup dazugeben und karamellisieren lassen.

2. Pastinaken darin wenden. Weißwein dazugeben und köcheln lassen, bis der Weißwein verdampft ist.

6.10 Gemüsesticks mit Zaziki

Für 4 Portionen
Zubereitungszeit:
30 Minuten
Schwierigkeitsgrad: leicht

Zutaten:

Rohes Gemüse
beispielsweise Kohlrabi
Karotten, Gurken
Paprikaschoten

Für Zaziki:

½ Salatgurke
500 Gramm Sojajoghurt
2 Knoblauchzehen
1 Esslöffel frische Minze, gehackt
1 Esslöffel Essig
3 Esslöffel Olivenöl
Salz, Pfeffer

Vegan Kochbuch

Zubereitung:

1. Das Gemüse in Streifen schneiden.

2. Zaziki zubereiten: Gurke schälen, halbieren, Kerne entfernen. Gurke fein reiben. Knoblauch pressen. Alle Zutaten vermischen, das Olivenöl nach und nach dazugeben.

6.11 Kartoffelplätzchen

Für 4 Portionen

Zubereitungszeit: 1 Stunde

Schwierigkeitsgrad: leicht

Zutaten:

800 Gramm Kartoffeln

Salz, Pfeffer

Geriebene Muskatnuss

100 Milliliter Öl

Zubereitung:

1. Kartoffeln waschen, mit Schale kochen, pellen und quetschen. Mit den Gewürzen mischen und zu einer Rolle formen.

2. Plätzchen von der Rolle schneiden und in heißem Öl von beiden Seiten braten.

6.12 Mochi aus der Pfanne

Für 5 Portionen

Zubereitungszeit:
20 Minuten

Schwierigkeitsgrad: leicht

Zutaten:

1 Packung Mochi (Klebreis-Kuchen), in Rechtecke geschnitten

2 Teelöffel Olivenöl

5 Esslöffel Reissirup

Sojasauce

Zubereitung:

1. Öl erhitzen und die Mochi-Stücke darin braten. Nach 4 Minuten umdrehen, mit Sojasauce beträufeln und weitere 4 Minuten braten.

2. Auf jedes Stück etwas Reissirup geben.

6.13 Falafel

Für 4 Portionen

Zubereitungszeit: ca. 45 Minuten

Schwierigkeitsgrad: leicht

Zutaten:

800 Milliliter Wasser

100 Gramm Kichererbsen

500 Milliliter Olivenöl

1 kleine Zwiebel

1 Knoblauchzehe

1 Chilischote

1 Teelöffel Salz

1 Lorbeerblatt

50 Gramm Couscous

50 Gramm Vollkornmehl

½ Bund Petersilie

1 Teelöffel Sesammus Tahin

1 Teelöffel Kreuzkümmel

1 Teelöffel Zitronensaft

Pfeffer

Zubereitung:

1. Kichererbsen im Wasser einen Tag einweichen. Die Kichererbsen mit dem Wasser, Salz und Lorbeerblatt eine Stunde kochen. Abgießen und 50 Milliliter des Kochwassers übriglassen. Kichererbsen mit den 50 Milliliter Kochwasser pürieren.

2. Zwiebel fein würfeln und in Olivenöl glasig anbraten. Knoblauch zu der Zwiebel pressen. Chilischote hacken. Petersilie hacken.

3. Couscous mit 50 Milliliter kochendem Wasser begießen. Salz und 1 Esslöffel Olivenöl unterrühren und kurz ziehen lassen.

4. Alle Zutaten bis auf den Rest Olivenöl vermischen und Bällchen formen. Die Bällchen im restlichen Olivenöl knusprig ausbacken.

7. Erfrischende Smoothies und Getränke

Smoothies gewinnen immer mehr an Bedeutung. Die ungewöhnliche Mischung, aber auch der Geschmack und der gesundheitliche Aspekt spielen eine Rolle. Auch andere Getränke kannst du vegan zubereiten.

7.1 Beerenshake

Für 4 Portionen
Zubereitungszeit:
5 Minuten
Schwierigkeitsgrad: leicht

Zutaten:

400 Gramm Sojajoghurt

200 Milliliter Ananassaft

400 Gramm Brombeeren

200 Gramm Heidelbeeren

Zubereitung:

1. Einige Beeren zum Dekorieren zurücklassen, die anderen Zutaten im Standmixer pürieren.

7.2 Heidelbeer-Lassi

Für 4 Portionen

Zubereitungszeit: 10 Minuten

Schwierigkeitsgrad: leicht

Zutaten:

400 Gramm Tiefkühl-Heidelbeeren

400 Gramm Seidentofu

400 Milliliter Wasser

60 Milliliter schwarzer Johannisbeersirup

3 Esslöffel Rohrzucker

3 Esslöffel Zitronensaft

1 Prise Salz

Minzeblätter zum Dekorieren

Zubereitung:

1. Alle Zutaten im Mixer pürieren und mit Minze dekorieren.

7.3 Gurken-Smoothie

Für 3 Portionen

Zubereitungszeit: 15 Minuten

Schwierigkeitsgrad: leicht

Zutaten:

1 Salatgurke

1 Zucchino

3 Rote-Bete-Blätter

3 Kohlrabiblätter

1 Mangoldblatt

½ Teelöffel Kurkuma

350 Milliliter Wasser

1 Teelöffel Pfeffer

3 Stiele Koriander

Zubereitung:

1. Gurke und Zucchini in Scheiben schneiden, Blätter grob zerschneiden.

2. Alle Zutaten im Mixer auf höchster Stufe pürieren.

7.4 Tropical Smoothie

Für 3 Portionen

Zubereitungszeit: 15 Minuten

Schwierigkeitsgrad: leicht

Zutaten:

½ Ananas

1 Maracuja

1 Mango

100 Gramm Spinat

70 Gramm Chicoree

70 Gramm Batavia

250 Milliliter Wasser

1 Messerspitze gemahlene Vanille

Zubereitung:

1. Mango und Ananas schälen, Fruchtfleisch zerkleinern.

2. Von der Maracuja das Fruchtfleisch herauslösen. Blattgemüse zerkleinern. Alle Zutaten im Mixer pürieren.

7.5 Himbeer-Smoothie

Für 1 Portion

Zubereitungszeit: 10 Minuten

Schwierigkeitsgrad: leicht

Zutaten:

100 Gramm Erdbeeren

150 Gramm Himbeeren

3 Kopfsalatblätter

150 Milliliter Wasser

Zubereitung:

1. Beeren waschen und entstielen. Salatblätter in Streifen schneiden. Alle Zutaten im Mixer pürieren.

Vegan Kochbuch

7.6 Mandelmilch

Für 1 Portion

Zubereitungszeit:

5 Minuten

Schwierigkeitsgrad: leicht

Zutaten:

1 Handvoll Mandeln, blanchiert

7 reife Datteln

500 Milliliter Wasser

Mark einer Vanilleschote

Zubereitung:

1. Mandeln mahlen und mit den übrigen Zutaten im Mixer pürieren.

7.7 Wassermelonen-Slush

Für 1 Portion

Zubereitungszeit:

5 Minuten

Schwierigkeitsgrad: leicht

Zutaten:

450 Gramm Wassermelonenwürfel, gefroren

5 Erdbeeren

Saft einer Limette

Zubereitung:

1. Alle Zutaten im Mixer pürieren.

Vegan Kochbuch

7.8 Kürbis-Latte

Für 2 Portionen

Zubereitungszeit:

20 Minuten

Schwierigkeitsgrad: leicht

Zutaten:

1 Spalte Hokkaidokürbis, 2 cm

300 Milliliter Sojadrink

1 Shot Espresso

2 Teelöffel Kokosblütenzucker

Je 1 Messerspitze gemahlene Nelken, Zimt, Muskatnuss, Ingwer

Etwas Bourbon-Vanille

Zubereitung:

1. Kürbis zerschneiden und weichkochen. Im Mixer zusammen mit den übrigen Zutaten, bis auf Espresso und Sojamilch, pürieren.

2. Sojamilch zu Schaum schlagen. In die Gläser einen Schuss Espresso geben, Kürbis und Sojamilch dazugeben.

7.9 Zwetschen-Smoothie

Für 1 Portion

Zubereitungszeit:

5 Minuten

Schwierigkeitsgrad: leicht

Zutaten:

4 reife Zwetschen

½ Esslöffel Mandelmus

1 Tasse Hafermilch

½ Teelöffel Acai-Pulver

1 Prise Zimt

Zubereitung:

1. Alle Zutaten im Mixer pürieren.

7.10 Rote-Bete-Smoothie

Für 1 Portion
Zubereitungszeit:
5 Minuten
Schwierigkeitsgrad: leicht

Zutaten:

1 Rote Bete
1 Banane
250 Milliliter Saft
1 Esslöffel Kakao
1 Prise Salz
Ahornsirup

Zubereitung:
1. Rote Rübe hobeln. Alle Zutaten in den Mixer geben und pürieren.

Vegan Kochbuch

7.11 Rosa Smoothie

Für 1 Portion
Zubereitungszeit:
5 Minuten
Schwierigkeitsgrad: leicht

Zutaten:

1 Banane
½ Tasse gefrorene Himbeeren
1 Esslöffel Granatapfelkerne
150 Milliliter kaltes Wasser
1 Teelöffel Zimt
2 Teelöffel Moringapulver

Zubereitung:
1. Alle Zutaten im Mixer pürieren.

7.12 Chai-Smoothie

Für 1 Portion
Zubereitungszeit:
5 Minuten
Schwierigkeitsgrad: leicht

Zutaten:

2 gefrorene Bananen
250 Milliliter Mandelmilch
1 Teelöffel Maca
1 Prise Salz
Je 1 Messerspitze Kardamom, Zimt und Ingwerpulver

Zubereitung:
1. Alle Zutaten im Mixer pürieren.

7.13 Energy-Smoothie

Für 2 Portionen
Zubereitungszeit:
5 Minuten
Schwierigkeitsgrad: leicht

Zutaten:

300 Milliliter Wasser
70 Gramm grüner Salat
1 kleines Stück Kurkuma
1 kleines Stück Ingwer
1 Apfel
1 Banane
40 Gramm Mungobohnensprossen
25 Gramm Alfalfasprossen

Zubereitung:
1. Früchte etwas zerkleinern. Alle Zutaten im Mixer pürieren.

Vegan Kochbuch

7.14 Kurkuma-Milchshake

Für 1 Portion

Zubereitungszeit: 5 Minuten

Schwierigkeitsgrad: leicht

Zutaten:

1 Tasse Kokosmilch

1 Teelöffel Kurkumapulver

1 Banane

1 Teelöffel Kokosöl

½ Teelöffel Ingwerpulver

Zubereitung:

1. Im Mixer alle Zutaten pürieren.

7.15 Grünkohl-Smoothie

Für 1 Portion

Zubereitungszeit: 5 Minuten

Schwierigkeitsgrad: leicht

Zutaten:

3 Grünkohlblätter

1 geschälte Orange

1 Banane

250 Milliliter Wasser

Zubereitung:

1. Vom Grünkohl den harten Stiel entfernen. Grünkohl mit Wasser pürieren, dann die übrigen Zutaten dazugeben und pürieren.

Vegan Kochbuch

7.16 Holunder-Smoothie

Für 1 Portion

Zubereitungszeit: 10 Minuten

Schwierigkeitsgrad: leicht

Zutaten:

1 Dolde Holunderbeeren

1 entkernte Birne

3 entsteinte Datteln

1 Esslöffel Gojibeeren

250 Milliliter Wasser

Zubereitung:

1. Die Beeren von der Dolde abstreifen und 3 Minuten in Wasser köcheln lassen.

2. Die abgekühlten Beeren mit den übrigen Zutaten im Mixer pürieren.

7.17 Zuckermelonen-Smoothie

Für 1 Portion

Zubereitungszeit: 5 Minuten

Schwierigkeitsgrad: leicht

Zutaten:

2 Stücke Zuckermelone

250 Milliliter Wasser

2 Hände voll Spinat

Zubereitung:

1. Spinatblätter zerkleinern.

2. Im Mixer alle Zutaten pürieren.

7.18 Anti-Aging-Smoothie

Für 1 Portion

Zubereitungszeit: 5 Minuten

Schwierigkeitsgrad: leicht

Zutaten:

½ Tasse gefrorene Himbeeren

1 kleine Rote Bete

1 Banane

1 Esslöffel Granatapfelkerne

½ Tasse Alfalfa-Sprossen

1 Messerspitze Zimt

Zubereitung:

1. Rote Bete reiben. Mit den anderen Zutaten im Mixer pürieren.

7.19 Himbeer-Protein-Shake

Für 2 Portionen

Zubereitungszeit: 5 Minuten

Schwierigkeitsgrad: leicht

Zutaten:

500 Gramm Sojajoghurt

200 Milliliter Sojamilch

200 Gramm Tiefkühl-Himbeeren

1 Esslöffel Mandeln

Mark einer halben Vanilleschote

Zubereitung:

1. Im Mixer alle Zutaten pürieren.

7.20 Matcha-Negri-Shake

Für 1 Portion
Zubereitungszeit: 5 Minuten
Schwierigkeitsgrad: leicht

Zutaten:

1 Tasse Wassermelonenstücke, gefroren
150 Milliliter Mandelmilch
2 Esslöffel Sesam
1 Teelöffel Matcha-Pulver

Zubereitung:

1. Sesam über Nacht einweichen. Alle Zutaten im Mixer pürieren.

8. Vegan backen

Magst du gerne Kuchen und andere süße Gebäcke, musst du bei einer veganen Ernährung darauf nicht verzichten. Viele leckere Gebäcke kannst du ohne Milch und Eier bereiten. Natürlich kannst du auch herzhafte Sachen zaubern.

8.1 Apfelbrot

Für 4 Portionen

Zubereitungszeit: 2 Stunden

Schwierigkeitsgrad: leicht

Zutaten:

500 Gramm säuerliche Äpfel

250 Milliliter Dinkelmehl

65 Gramm gehackte Haselnüsse

125 Gramm Rosinen

100 Gramm Rohrzucker

½ Teelöffel Zimt

Saft von 2 Zitronen

1 Messerspitze Nelken

1 Teelöffel Backpulver

2 Teelöffel Kakao

Zubereitung:

1. Äpfel mit Schale reiben und mit Rohrzucker, Rosinen und Zitronensaft mischen. Über Nacht im Kühlschrank ziehen lassen. Zimt, Nelken, Haselnüsse und Kakao dazugeben. Dinkelmehl mit Backpulver mischen und zu den Äpfeln geben.

2. Teig bereiten und in eine mit Backpapier ausgelegte Kastenform füllen.

3. Bei 150 Grad Ober- und Unterhitze 40 Minuten backen. Temperatur auf 200 Grad erhöhen und weitere 45 Minuten backen.

8.2 Blätterteigschnecken mit Pesto

Für 26 Portionen

Zubereitungszeit: 1 Stunde

Schwierigkeitsgrad: mittel

Zutaten:

200 Gramm getrocknete Tomaten aus dem Glas

1 Packung Blätterteig vegan

50 Gramm Cashewkerne

1 Knoblauchzehe

Einige Rosmarinnadeln

2 Esslöffel Öl

Soja-Drink

1 Esslöffel Balsamicoessig

26 Spieße

Zubereitung:

1. Cashewkerne anrösten und hacken. Tomaten schneiden, Knoblauch und Rosmarin hacken. Tomaten, Knoblauch, Essig, Rosmarin und Öl der Tomaten mit den Cashewkernen im Zerkleinerer mischen.

2. Blätterteig ausrollen, Tomatenpesto darauf verteilen und Blätterteig aufrollen.

3. Die Teigrolle mit Sojadrink bestreichen. Teigrolle in 1,5 cm dicke Scheiben schneiden. Blätterteigscheiben auf die Spieße stecken und auf ein mit Backpapier belegtes Blech legen.

4. Bei 225 Grad Ober- und Unterhitze 15 Minuten backen.

8.3 Focaccia mit Kirschtomaten

Für 6 Portionen

Zubereitungszeit:

45 Minuten

Schwierigkeitsgrad: leicht

Zutaten:

500 Gramm Weizenmehl

250 Milliliter Wasser

1 Teelöffel Zucker

1 Päckchen Trockenhefe

1 Teelöffel Salz

4 Esslöffel Olivenöl

2 Zwiebeln

1 Teelöffel Meersalz

125 Gramm Kirschtomaten

Zubereitung:

1. Wasser mit Hefe und Zucker verrühren, 10 Minuten ziehen lassen. Mehl mit Salz mischen, Hefe und Olivenöl dazugeben, 10 Minuten lang kneten. Teig eine Stunde ruhen lassen. Pizzastein auf dem Grill oder im Backofen aufheizen.

2. Teig durchkneten, auf einem mit Backpapier belegtem Blech ausrollen und 30 Minuten gehen lassen. Kirschtomaten in den Teig drücken.

3. Zwiebeln in Ringe schneiden, auf dem Teig verteilen. Olivenöl über den Teig träufeln. Focaccia auf dem Pizzastein im geschlossenen Grill 10 Minuten backen.

8.4 Spinat-Blätterteig-Taschen

Für 4 Portionen
Zubereitungszeit: 1 Stunde
Schwierigkeitsgrad: mittel

Zutaten:

4 vegane Tiefkühl-Blätterteigtaschen

200 Gramm Naturtofu

Salz

1 Zwiebel

1 rote Paprikaschote

3 Esslöffel Pinienkerne

400 Gramm Babyspinat

2 Esslöffel Rapsöl

Salz, Pfeffer, Muskat

Zubereitung:

1. Naturtofu zerkleinern und in Salzwasser kurz aufkochen. Eine Nacht im Kühlschrank ruhen lassen. Zwiebel und Paprika in Würfel, Spinat in Streifen schneiden. Pinienkörne kurz anrösten. Blätterteig auftauen lassen.

2. Zwiebeln in heißem Öl andünsten, Spinat und Paprika dazugeben und köcheln lassen. Pinienkerne und Tofu in die Pfanne geben. Gewürze dazugeben und durchrühren.

3. Blätterteig in 12 Stücke teilen. Von diesen Stücken vier auf ein mit Backpapier belegtes Blech legen. Restliche Stücke zu mindestens 5 Millimeter dicken Rändern ausschneiden und um die Stücke auf dem Backblech legen. Bei 170 Grad Ober- und Unterhitze 12 Minuten backen. Spinatmasse in die Formen füllen und alles goldgelb backen.

8.5 Nussecken

Für 6 Portionen
Zubereitungszeit: 1 Stunde
Schwierigkeitsgrad: mittel

Zutaten:

Für den Teig:

450 Gramm Mehl

200 Gramm Zucker

200 Gramm vegane Margarine

2 Teelöffel Backpulver

2 Päckchen Vanillezucker

2 Esslöffel Sojamehl

5 Esslöffel Wasser

Für den Nussbelag:

200 Gramm gehobelte Haselnüsse

100 Gramm gemahlene Haselnüsse

150 Gramm Zucker

150 Gramm vegane Margarine

2 Päckchen Vanillezucker

3 Esslöffel Wasser

Aprikosenmarmelade

200 Gramm vegane Schokolade

Zubereitung:

1. Für den Teig alle Zutaten verkneten, eine Kugel formen und auf einem mit Backpapier belegten Blech ausrollen.

2. Margarine mit Vanillezucker, Zucker und Wasser schmelzen, Haselnüsse dazugeben. Aprikosenmarmelade auf den Teig streichen, Nussbelag darüberstreichen.

3. Bei 160 Grad Ober- und Unterhitze 35 Minuten backen. Abgekühlten Kuchen in Dreiecke schneiden. Schokolade unter Rühren schmelzen. Die Spitzen der Nussecken in die Schokolade tauchen.

8.6 Plätzchen mit Schokolade

Für 35 Portionen

Zubereitungszeit: 30 Minuten

Schwierigkeitsgrad: leicht

Zutaten:

250 Gramm Mehl

100 Gramm Rohrzucker

200 Gramm Margarine

1 Päckchen Vanillezucker

Zitronenschale

80 Gramm Apfelmus

Vegane Schokolade zum Verzieren

Zubereitung:

1. Alle Zutaten, bis auf die Schokolade, zu Teig verarbeiten. Teig im Kühlschrank eine Stunde ruhen lassen. Teig unter Klarsichtfolie ausrollen.

2. Plätzchen ausrollen und auf ein mit Backpapier belegtes Blech legen.

3. Bei 200 Grad Ober- und Unterhitze 15 Minuten backen. Schokolade erhitzen und die Plätzchen verzieren.

8.7 Zitronencracker

Für ca. 30 Portionen

Zubereitungszeit: 45 Minuten

Schwierigkeitsgrad: leicht

Zutaten:

3 Esslöffel Sesamsamen

3 Esslöffel Pekannüsse

3 Esslöffel Mandeln

1 Esslöffel Kokosöl

3 Esslöffel frisch gepresster Zitronensaft

1 Teelöffel gemahlener Rooibos

1 Esslöffel geriebene Zitronenschale

½ Teelöffel Agavendicksaft

Meersalz

Zubereitung:

1. Alle Zutaten bis auf das Kokosöl im Mixer zu Teig verarbeiten. Teig auf ein mit Kokosöl bestrichenes Blech streichen, Quadrate einritzen und bei 150 Grad 30 Minuten backen.

2. Nach dem Abkühlen aufbrechen.

Vegan Kochbuch

8.8 Schokomuffins

Für 18 Portionen

Zubereitungszeit: 30 Minuten

Schwierigkeitsgrad: leicht

Zutaten:

200 Gramm Mehl

140 Gramm Zucker

180 Gramm vegane Margarine

½ Päckchen Backpulver

2 Päckchen Vanillezucker

2 Ei-Ersatz

100 Gramm Sojasahne

200 Gramm vegane Schokolade, kleingehackt

25 Gramm Kakaopulver

18 Muffinförmchen

Zubereitung:

1. Alle Zutaten zu Teig verarbeiten und die Förmchen zur Hälfte befüllen.

2. Muffins bei 170 Grad Umluft 20 Minuten backen.

9. Geschmackvolle Suppen

Egal, ob als Hauptgericht oder als Vorspeise, eine Suppe ist köstlich und wärmt die Seele. Viele leckere vegane Suppen kannst du entdecken.

9.1 Karotten-Erdnuss-Suppe

Für 4 Portionen

Zubereitungszeit: 40 Minuten

Schwierigkeitsgrad: leicht

Zutaten:

700 Gramm Karotten

1 Zwiebel

1 kleines Stück Ingwer

1 Knoblauchzehe

600 Milliliter Gemüsebrühe

400 Milliliter Kokosmilch

2 Esslöffel Olivenöl

4 Esslöffel Erdnussbutter

1 Esslöffel Srirachasauce

1 ½ Esslöffel Curry

Salz, Pfeffer

Zubereitung:

1. Zwiebeln fein würfeln, Ingwer schälen und hacken, Karotten in dünne Scheiben schneiden.

2. Olivenöl erhitzen und Gemüse darin andünsten.

Knoblauch würfeln und dazugeben, Curry überstreuen. Gemüsebrühe und Kokosmilch auffüllen, Erdnussbutter dazugeben.

3. Suppe 20 Minuten köcheln lassen und pürieren. Salz, Pfeffer und Srirachasauce dazugeben.

9.2 Türkische Linsensuppe

Für 3 Portionen

Zubereitungszeit:

30 Minuten

Schwierigkeitsgrad: leicht

Zutaten:

Für die Suppe:

150 Gramm Kartoffeln

150 Gramm Möhren

1 Zwiebel

1 Knoblauchzehe

250 Gramm rote Linsen

2 Esslöffel Olivenöl

800 Milliliter Wasser

½ Teelöffel Kreuzkümmel

1 Esslöffel Gemüsepaste

½ Teelöffel getrocknete Minze

Zitronensaft

Für die Würzpaste:

2 Esslöffel Tomatenmark

2 Esslöffel Margarine

½ Teelöffel getrocknete Minze

½ Teelöffel Kreuzkümmel

Zubereitung:

1. Zwiebel und Knoblauch würfeln. Kartoffeln und Möhren schälen und würfeln.

2. Olivenöl erhitzen und Kartoffeln, Möhren, Zwiebel und Knoblauch darin andünsten.

3. Linsen mit dem Wasser zum Gemüse geben und 20 Minuten kochen. Suppe mit den Gewürzen pürieren.

4. Margarine schmelzen, Gewürze und Tomatenmark darin andünsten.

9.3 Süßkartoffel-Suppe

Für 4 Portionen

Zubereitungszeit:

30 Minuten

Schwierigkeitsgrad: leicht

Zutaten:

1 Kg Süßkartoffeln

2 große Tomaten

250 Gramm Zwiebeln

20 Gramm frischer Ingwer

6 Esslöffel Olivenöl

4 Esslöffel Curry

2 Esslöffel Obstessig

2 Esslöffel Agavendicksaft

1,75 Liter Gemüsebrühe

2 Teelöffel Muskat, gemahlen

Salz, Pfeffer

Zubereitung:

1. Zwiebel würfeln, Süßkartoffeln schälen und in Stücke schneiden.

2. Olivenöl erhitzen und Süßkartoffeln mit den Zwiebeln darin dünsten. Ingwer schälen und in Scheiben schneiden, Tomaten würfeln. Ingwer und Tomaten zusammen mit den übrigen Zutaten außer Essig und Gemüsebrühe zu den Kartoffeln geben, andünsten.

3. Brühe und Essig dazugeben, aufkochen lassen und 10 Minuten köcheln. Suppe pürieren.

9.4 Kürbiscreme-Suppe

Für 3 Portionen

Zubereitungszeit: 30 Minuten

Schwierigkeitsgrad: leicht

Zutaten:

500 Gramm Hokkaidokürbis

1 Zwiebel, gewürfelt

1 Knoblauchzehe, gewürfelt

2 Esslöffel Kokosöl

500 Milliliter Gemüsebrühe

Sojasahne

Kürbiskernöl

Salz, Pfeffer, Muskat

Zubereitung:

1. Vom Kürbis die Kerne entfernen, Kürbis würfeln. Öl erhitzen, Zwiebeln und Knoblauch andünsten, Kürbis, Brühe, Kokosöl und Sahne dazugeben, 10 Minuten kochen.

2. Suppe pürieren und würzen.

9.5 Spargelcreme-Suppe

Für 3 Portionen

Zubereitungszeit: 30 Minuten

Schwierigkeitsgrad: leicht

Zutaten:

500 Gramm Spargel

1 Zwiebel, gewürfelt

100 Milliliter Sojasahne

Kokosöl

¾ Liter Gemüsebrühe

Musskatnuss

Schnittlauch, gehackt

Salz, Pfeffer

Vegan Kochbuch

Zubereitung:
1. Kokosöl erhitzen, Zwiebel darin anbraten.

2. Spargel schälen, Schnittfläche abschneiden. Spargel in Stücke schneiden und mit der Gemüsebrühe, der Sojasahne, Salz und Pfeffer zur Zwiebel geben. Etwa 10 Minuten kochen.

3. Suppe pürieren, Muskatnuss daraufreiben, Schnittlauch dazugeben.

9.6 Pilzsuppe

Für 4 Portionen

Zubereitungszeit:

15 Minuten

Schwierigkeitsgrad: leicht

Zutaten:

1 Zwiebel, gewürfelt

2 Hände voll geputzte Mischpilze

1 Liter Gemüsebrühe

Kokosöl

100 Milliliter Hafersahne

3 Teelöffel Amaranthmehl

Salz, Pfeffer

Kräuter

Zubereitung:
1. Kokosöl erhitzen, Zwiebel darin anbraten, Pilze dazugeben und mitbraten.

2. Gemüsebrühe und Hafersahne dazugeben. Mehl anrühren. Ca. 8 Minuten kochen. Mit Kräutern und Gewürzen abschmecken.

9.7 Bärlauchsuppe

Für 4 Portionen

Zubereitungszeit: 25 Minuten

Schwierigkeitsgrad: leicht

Zutaten:

2 Hände voll Bärlauch

1 Bund Suppengemüse

2 große Kartoffeln

1,3 Liter Wasser

1 Esslöffel Gemüsesuppengewürz

Hafersahne

Muskatnuss

Salz, Pfeffer

Zubereitung:

1. Kartoffeln schälen, Bärlauch und Suppengemüse schneiden.
2. Gemüse im Wasser kochen, Bärlauch nach 10 Minuten dazugeben. Noch 4 Minuten köcheln lassen. Suppe würzen und pürieren. Hafersahne dazugeben.

9.8 Grünkernsuppe

Für 4 Portionen

Vegan Kochbuch

Zubereitungszeit:

25 Minuten

Schwierigkeitsgrad: leicht

Zutaten:

¾ Tasse Grünkernschrot

1,5 Liter Gemüsebrühe

1 Bund Suppengemüse

1 Rosmarinzweig

1 Lorbeerblatt

2 Esslöffel Tomatenmark

2 Knoblauchzehen

1 Esslöffel Senf

Muskatnuss

Oregano

Salz, Pfeffer

Zubereitung:

1. Gemüse schneiden. Brühe mit Gemüse, Rosmarin, Lorbeerblatt, gepresstem Knoblauch, Tomatenmark, Senf und Gewürzen zum Kochen bringen.
2. Grünkernschrot dazugeben und 15 Minuten kochen lassen.

10. Verführerische Nachspeisen und Desserts

Zu einem kompletten Menü gehört auch ein Dessert. Viele leckere Desserts kannst du vegan zubereiten.

10.1 Karibiksterne

Für ca. 40 Sterne
Zubereitungszeit:
30 Minuten
Schwierigkeitsgrad: mittel

Zutaten:

200 Gramm Kokosraspeln
200 Gramm getrocknete Mangoscheiben
75 Gramm getrocknete Ananas
50 Gramm Macadamia-Nüsse
2 Esslöffel Preiselbeeren
Saft einer Orange

Zubereitung:

1. Mangoscheiben einweichen und zusammen mit Kokosraspeln in der Küchenmaschine zu Teig verarbeiten.

2. Teig zwischen Küchenfolie ausrollen und 80 Sterne ausstechen. Sterne bei 40 Grad Umluft im Ofen trocknen. Ananas, Macadamianüsse und Preiselbeeren in Orangensaft einweichen und pürieren.

3. Die Füllung auf einen Stern streichen und einen weiteren Stern daraufsetzen.

10.2 Chiapudding mit Mangocreme

Für 2 Portionen

Zubereitungszeit:

45 Minuten

Schwierigkeitsgrad: leicht

Zutaten:

6 Esslöffel Chiasamen

½ Teelöffel Vanille

2 Esslöffel Agavendicksaft

440 Milliliter Reismilch

1 Mango

150 Gramm Erdbeeren

10 Gramm geschälte, ungesalzene Pistazien

Zubereitung:

1. Chiasamen mit Reismilch, Vanille und Agavendicksaft verrühren und 30 Minuten im Kühlschrank quellen lassen.

2. Mango schälen, halbieren, Fruchtfleisch lösen und pürieren.

3. Erdbeeren waschen, vierteln. Pistazien hacken und mit den Erdbeeren mischen. Mangopüree in Gläser füllen. Chiapudding daraufgeben und mit den Erdbeeren krönen.

Vegan Kochbuch

10.3 Schokopudding

Für 2 Portionen
Zubereitungszeit:
5 Minuten
Schwierigkeitsgrad: leicht

Zutaten:

8 Esslöffel Backkakao
4 Bananen
4 Esslöffel Mandelmus

Zubereitung:
Alle Zutaten pürieren und kaltstellen.

10.4 Kirsch-Tiramisu

Für 2 Portionen
Zubereitungszeit:
10 Minuten
Schwierigkeitsgrad: leicht

Zutaten:

1 Packung Seidentofu
Schale einer halben Zitrone
Agavendicksaft
Vanille
¼ Tasse Kokosmilch
½ Packung vegane Kekse

1 Glas Kirschen ohne Stein
½ Packung vegane Kekse
Kakaopulver

Zubereitung:
1. Tofu mit Zitronenschale, Kokosmilch, Agavendicksaft und Vanille im Mixer pürieren.

2. Kekse zerbröseln und eine Schicht in Becher die Becher geben. Kirschsaft über die Kekse geben. Abgetropfte Kirschen auf die Kekse setzen.

3. Tofucreme darübergeben. In dieser Reihenfolge verfahren, bis die Zutaten verbraucht sind. Dessert kaltstellen.

10.5 Matcha-Kokos-Mousse

Für 2 Portionen

Zubereitungszeit:

10 Minuten

Schwierigkeitsgrad: leicht

Zutaten:

1 Becher Kokosjoghurt

1 Dose Kokosmilch

1 Teelöffel Matchapulver

2 Esslöffel Kokosblütenzucker

Bourbonvanille

Zubereitung:

1. Kokosmilch über Nacht in den Kühlschrank stellen. Von der Kokosmilch den festen Anteil vier Minuten mit dem Handmixer schlagen. Vanille und Zucker dazugeben und Kokosjoghurt unterrühren.

2. In Dessertgläser füllen. Andere Hälfte der Kokosmilch mit Matchapulver verrühren und auf die Creme geben. Dessert zwei Stunden kaltstellen.

10.6 Schokobananen

Für 4 Portionen

Zubereitungszeit: 40 Minuten

Schwierigkeitsgrad: leicht

Zutaten:

150 Gramm vegane Kochschokolade

2 Bananen

4 Holzstäbchen

Zubereitung:

1. Schokolade im Wasserbad schmelzen.

2. Bananen quer durchschneiden, auf Stäbchen stecken und dann in die Schokolade tauchen.

3. Bananen auf Butterpapier legen und 30 Minuten in den Kühlschrank stellen.

10.7 Mousse au Chocolat

Für 2 Portionen

Zubereitungszeit: 10 Minuten

Schwierigkeitsgrad: leicht

Zutaten:

1 Banane, gefroren

2 reife Avocado

6 Datteln

3 Esslöffel Kakaopulver

1 Tasse Mandelmilch

1 Prise Salz

Zubereitung:

1. Alle Zutaten im Mixer pürieren und kaltstellen.

11. 14 Tage Challenge

Möchtest du die vegane Ernährung ausprobieren, kann dir die 14 Tage Challenge helfen. Die verschiedenen Vorschläge für Frühstück, Mittag und Abendessen zeigen dir, wie abwechslungsreich diese Ernährung ist. Sind die 14 Tage um, entscheidest du dich vielleicht, dauerhaft vegan zu leben.

1. Tag:
Omelette mit Kichererbsenmehl – Curry-Linsen-Bowl – Marokkanisches Ofengemüse mit Bulgur

2. Tag:
Haferflocken-Mandel-Brot mit Guacamole – Spinatpizza – Hirse-Bowl mit Früchten

3. Tag:
Veganes Rührei – Karotten-Erdnuss-Suppe und Schokobananen – Türkische Pizza

4. Tag:
Sojajoghurt mit Apfel und Walnuss – Quinoa-Chili-Topf – Burrito-Bowl

5. Tag:
Vegane Pfannkuchen – Zuckermelonen-Smoothie – vegane Spargelsuppe – Glasnudelsalat

6. Tag:
Porridge mit Hafermilch – Wassermelonen-Slush – One Pot Pasta – Süßkartoffelspalten mit Mango-Guacamole

7. Tag:
Veganer Quark mit Mangopüree – Broccoli-Reis-Pfanne – Pizza Chicago

8. Tag:
Veganes Müsli – Spaghetti mit Linsenbolognese – Nussecken – Spargel mit Räuchertofu

9. Tag:
Chiabrot mit Zwiebelschmalz – Chili sin Carne – Pulled Pork Pizza

10. Tag:
Veganes Rührei – Karotten-Erdnuss-Suppe und Mousse au Chocolat – Avocado-Kichererbsen-Salat

11. Tag:
Apfelbrot mit Guacamole – Bratkartoffelsalat – Rote-Bete-Smoothie – Kürbiscremesuppe

12. Tag:
Chiapudding mit Beeren – Gyros-Medaillons mit Bohnensalat – Nacho Bowl

13. Tag:
Kichererbsen-Frühstücksbowl – Chili-Bowl mit schwarzen Bohnen – Kurkuma-Kokosreis und Bruschetta

14. Tag:
Veganes Spiegelei – Vegane Sushi-Bowl – Rote-Bete-Pizza

Schlusswort

Die Rezepte in diesem Buch zeigen dir die Vielfalt der veganen Küche. Da sie viel Gemüse und Obst enthält, fühlst du dich bald fitter und vitaler. Der positive Nebeneffekt kann eine Gewichtsabnahme sein. Die Rezepte sind meistens mit wenig Aufwand bereitet. Die Zubereitung ist sehr leicht. Die Gerichte gelingen auch Anfängern. Bei einer veganen Ernährung musst du auf viele Lieblingsgerichte nicht verzichten, da für viele Zutaten ein veganer Ersatz verwendbar ist. Du wirst einige neue Lieblingsgerichte entdecken.

Viel Spaß beim Ausprobieren und gutes Gelingen!

© *Copyright 2018 an Hermine Treitner - Alle Rechte vorbehalten.*

Es ist nicht zulässig, Teile dieses Dokuments entweder auf elektronischem Wege oder in gedruckter Form zu reproduzieren, duplizieren oder zu übertragen. Benutzung dieses Buches und die Umsetzung der darin enthaltenen Informationen erfolgt ausdrücklich auf eigenes Risiko. Haftungsansprüche gegen den Verlag und den Autor für Schäden materieller oder ideeller Art, die durch die Nutzung oder Nichtnutzung der Informationen bzw. durch die Nutzung fehlerhafter und/oder unvollständiger Information verursacht wurden, sind grundsätzlich ausgeschlossen. Rechts- und Schadenersatzansprüche sind daher ausgeschlossen.

Das Werk inklusive aller Inhalte wurde unter größter Sorgfalt erarbeitet. Der Verlag und der Autor übernimmt jedoch keine Gewähr für die Aktualität, Korrektheit, Vollständigkeit und Qualität der bereitgestellten Informationen. Druckfehler und Falschinformationen können nicht vollständig ausgeschlossen werden. Der Verlag und auch der Autor übernehmen keine Haftung für die Aktualität, Richtigkeit und Vollständigkeit der Inhalte des Buches, ebenso nicht für Druckfehler. Es kann keine juristische Verantwortung sowie Haftung in irgendeiner Form für fehlerhafte Angaben und daraus entstandenen Folgen vom Verlag bzw. Autor übernommen werden. Für die Inhalte von den in diesem Buch abgedruckten Internetseiten sind ausschließlich die Betreiber der jeweiligen Internetseiten verantwortlich. Der Verlag und der Autor haben keinen Einfluss auf Gestaltung und Inhalte fremder Internetseiten. Verlag und Autor distanzieren sich daher von allen fremden Inhalten. Zum Zeitpunkt der Verwendung waren keinerlei illegale Inhalte auf den Webseiten vorhanden.

Impressum

Hermine Treitner
Laxenburgerstraße 136/11/5
1100 Wien
Österreich / Austria

Gedruckt/Vertrieben und Verkauft via
Amazon.com, Inc. oder einer Tochtergesellschaft

Printed in Poland
by Amazon Fulfillment
Poland Sp. z o.o., Wrocław